一句顶万句
爆款文案

若初 —— 编著

Advertising
Copy

远方出版社

图书在版编目（CIP）数据

爆款文案 / 若初编著. -- 呼和浩特：远方出版社，
2023.6
（"一句顶万句"系列）
ISBN 978-7-5555-1613-2

Ⅰ．①爆... Ⅱ．①若... Ⅲ．①广告文案 - 写作 - 通俗
读物 Ⅳ．①F713.812-49

中国国家版本馆CIP数据核字(2023)第100599号

爆款文案
BAOKUAN WENAN

编　　著	若　初
责任编辑	孟繁龙
封面设计	小書影像
版式设计	曹　弛
出版发行	远方出版社
社　　址	呼和浩特市乌兰察布东路666号　邮编010010
电　　话	（0471）2236473总编室　2236460发行部
经　　销	新华书店
印　　刷	天津中印联印务有限公司
开　　本	880毫米×1230毫米　1/32
字　　数	136千字
印　　张	7.25
版　　次	2023年6月第1版
印　　次	2023年9月第1次印刷
印　　数	1—8000册
标准书号	ISBN 978-7-5555-1613-2
定　　价	38.00元

如发现印装质量问题，请与出版社联系调换

前　言

　　人们常说"王婆卖瓜，自卖自夸"，这多少带点贬义，但在如今的自媒体时代，想要"卖瓜"甚至卖出更多的"瓜"，还真不能不夸。文案的使命就是将产品卖给最适合的人。毕竟酒香也怕巷子深，世界上的"好酒"那么多，你不宣传，别人又怎么会知道并且喜欢上你的产品呢？所以，好的产品一定要有好的文案，让用户更好、更快地了解我们的产品和服务，从而产生购买欲望。

　　对于一篇爆款文案来说，华丽的辞藻与修辞不是必须的，只有有趣、有料，有故事，有冲突，有反差，有悬念，有画面，有共鸣，才能打动消费者的心。

　　本书从如何锁定目标用户、发掘潜在用户，如何写好文案标题、开头、故事及结尾，如何找到产品卖点，如何增加消费者对产品的信任度，如何突出产品的核心竞争力，如何激发购买欲，以及文案创作的基本素养等方面，全面、详细地讲述了撰写爆款文案的要点与技巧，并且提供丰富的案例作为参考。

好的文案都开始于模仿，在模仿的基础上再加以创造，最后才能形成自己的风格。另外，我们还要建立属于自己的素材库，通过不断的积累和刻意的训练，从照猫画虎到炉火纯青，逐步成为文案高手。

目 录

第六章　激发购买欲

附录　文案创作的基本素养

第一章　找准发力点

- ☑ 分析目标受众

- ☑ 发掘潜在用户

- ☑ 做制造话题的人

- ☑ 把流量变成销量

分析目标受众

写文案需要精准锁定目标人群，也就是根据产品的特点，确定哪些人会有相关方面的需求。因为只有找到"对的人"，才能有的放矢。

比如，扫地机器人，卖点是"智能家电、自动清洁"，目标用户一般是受过良好教育、容易接受新事物、追求更好生活品质的年轻群体。咖啡的卖点是"香浓、提神"，目标用户主要是"喜欢咖啡的特殊香味""需要用咖啡提神"的人群。而奶粉、奶瓶、尿不湿等婴儿用品，主要是 1~3 岁的婴幼儿使用；少儿舞蹈、少儿编程等培训课程，主要是为儿童提供服务，考虑到婴儿、儿童没有购买能力，所以我们可以把目标人群锁定在婴儿、儿童的监护人身上，而这些事情大多是由父母负责，所以基本可以把目标人群确定为孩子的父母。

在确定了目标人群后，就可以根据他们的地域、性别、年龄、受教育程度、收入、生活习惯和消费行为等来进行精准营销。

那么，这些用户特征对消费行为会产生什么影响呢？

地域：即目标用户生活居住的地方。一般来说，一线城市的居民收入较高，接受新鲜事物能力强，眼界也比较广；小城市的居民，收入相对较低，不太能接受新鲜事物，眼界比较窄等。

性别：性别不同，对产品的兴趣也有着很大的不同。比如男性更喜欢游戏类、运动类产品，而女性则对护肤化妆类、服饰类产品更有兴趣。

年龄：年龄不同，关注的内容也不同。比如60后关注养生、新闻，70后关注教育、婚姻、情感、社会政策，80后关注职场、育儿、人际关系、理财、吃喝玩乐，90后关注兴趣爱好、明星热点、干货、吐槽……如果向60后推广明星热点，或向90后推广养生，成功的概率都不会很大。

受教育程度：受教育程度会影响人们的品位和喜好。比如，受教育程度不高的人，对搞笑视频有偏好；而受教育程度较高的用户，会偏爱具有知识性的内容。

收入：收入在很大程度上决定了一个人的消费行为。比如奢侈品、境外旅游，价格比较昂贵，适合高收入群体，不适合向低收入人群推广。

产品使用行为：对于同款产品，不同的购买者的使用需求也不同。比如烤箱，有的人是为了烤蛋糕、面包、甜点，而有的人是为了烤肉。比如短视频社交软件，有的用户是白天看得多，而有的是晚上看得多，另外是否分享、留言、点赞、打赏等行为也存在不同。

当我们对目标用户的特征有了一定了解，就可以尝试进行用户画像，比如：

> 女性／居住地北京／90后／白领／收入较高／经常晚睡／喜欢健身，如游泳、瑜伽／未婚有男友／喜欢看电影／出行开车／喜欢吃西餐／关注时尚／经常使用手机支付／喜欢旅游，一般入住中高档酒店……

确定了目标人群，还需要用"对的方式"，说"对的话"。只有说的话对了，推广的方式对了，写出来的文案才会更准确。

比如针对上述这位90后女性白领，瑜伽馆在因故关闭一段时间后恢复上课，文案可以这样写：

> 每天，给每一张垫子用酒精消毒，是因为我们懂得对你的健康负责。
> 请原谅我，暂时无法恢复课程表上所有的课程。
> 但你知道，现在的每一节课，都有我们额外对你的关怀。
> 请原谅我不厌其烦地约你来上瑜伽课，而非窝在家里的

沙发上刷剧吃零食。

因为我知道，现在的你，最需要一个健康的身体。

文案极力体现出对会员安全的保障及对健康的关切，目的就是让会员感到安心、贴心。当会员的顾虑解除了，自然就会重新光临瑜伽馆，恢复上课。

文具的主要目标人群是学生，是人手必备的。所以，某文具品牌在开学季适时发布了这样的文案：

> 提醒我开学的
>
> 不是日期
>
> 而是同桌问我
>
> "作业写完没"
>
> 的短信

假期快结束时，朋友、同学见面的第一句话几乎毫无例外都是"作业写完了吗？"这句话提醒着他们——马上就要开学了！而文案的潜台词也在告诉他们：新的学期就要开始了，该买新文具了。这就是把"对的话"说给目标人群听。

又如一款护颈枕，采取人体工程学设计，原料是软纤维和高弹性纤维，售价399元。有人会问，一般的枕头的价位也就是几十上百元，睡得也挺舒服，有必要花那么高的价格买个枕头吗？

那么，在文案中应该怎么劝说人们这是必要的花费呢？

人的一生，1/3 的时间都是在枕头上度过的。很多成功人士知道，成功的奥秘不只是懂得努力，也包括懂得休息。

白天，我们给自己设置高目标，把议程排满，工作时争分夺秒，劳心费神；夜晚，我们急需一款好枕头，躺下去几分钟就能睡着，帮我们舒缓颈椎压力，避免落枕，让我们一觉熟睡到天明。

你需要一款专业舒适的枕头，帮助你睡好、睡饱，这样才能每天起床精神焕发，能量满格地投入工作，高效率地做出业绩，更快地达成自己的事业目标，不是吗？

这个文案面向的目标人群是白领阶层，提醒他们，买个好的枕头，不仅仅是对自己好一点，更重要的是能保证睡眠质量，睡好了精神自然也会更好，这样有助于更高效地投入工作，发展自己的事业。岂不是一举两得？

说了"对的话"，还需要用"对的方式"，也就是用正确的渠道把文案推广出去。毕竟投放渠道也是很重要的，它决定了我们的文案能否被目标受众看到。

比如一款手表，提倡简约时尚的风格，鼓励年轻人做自己，在购物节临近时推出了一系列海报文案：

不是将就不了这个世界

我是将就不了我自己

如果连幸福的模样都要和别人一样

那人生该有多无趣

每一代人，注定要去不同的地方

你说的成功，并不是我想要的那个成功

过来人总喜欢急着帮你断言未来

但我知道

时间会给我最好的答案

踩着别人的脚印

永远也不会走出一条崭新的路吧

年轻人的动人之处

就在于他不必活成你所期待的样子

　　简约的海报设计，再配上这些符合年轻人个性的简单文字，让人看了很有感觉。做自己，不仅是一句口号，更是一种生活态度，是对生活的不妥协、不将就。

　　这些海报主要在微博、地铁投放，因为其目标客户是年轻人，而年轻人在线上喜欢访问微博，地铁则是他们上下班的主要交通工具，这两个投放渠道，都有利于目标受众发现并记住这个品牌。

发掘潜在用户

出门在外，如果听到身后有人喊我们的名字，我们往往会下意识地回头，这是因为每个人都更关心与自己相关的信息，有一种想要探究的冲动。文案创作也是如此，如果能在标题中适当加入某些人群，如女人、男人、父母、中产阶级等，就会吸引相关人群的注意力。

某壳虫是一款廉价、结实、实用的小型车，深受女性朋友的喜爱，但却不是高收入人群的首选，为此，某壳虫汽车发布了一篇广告文案《某些人收入太高，而某壳虫格调过低？》，其中写道：

> 对某些人来说，尽管某壳虫是一款完美的座驾，却有一个致命的缺点：它不够贵。
>
> 这些人会担心如果不买一辆贵点的车，粉丝们就不知道

他们是高富帅了。

这种人，开车纯粹是为了炫耀，不为自己，专为别人。

但也有一部分人，他们收入很高，完全可以买一辆比某壳虫更好的车，可他们却没有买。

因为，他们找不到更好的车了。

他们心中最好的车，无非性能靠谱，舒适而实惠，不用担心车况出问题，油耗低，经济实惠，保养、维修也不贵。

他们可以买一辆某壳虫，然后又能在银行卡上存上不少钱，何乐而不为呢？

所以，下一次看见有人开某壳虫时，就不要嘲笑他们了。

这款文案通过在标题中加入"某些人收入太高"，有效吸引了部分高收入群体的眼球，他们迫不及待想要知道自己是不是也有购买某壳虫的充分理由。

为了让文案吸引更多用户，被更多用户点击阅读，我们写作文案时，一定要超越目标用户。什么叫超越目标用户呢？

比如，一篇关于某为手机的文案，标题是《某为手机的 6 个秘密，一般人都不知道》，如果能把所有使用安卓手机的用户也囊括进来，就可以改成《安卓手机里的 6 个秘密，一般人都不知道》。这样一来，目标用户将扩大很多倍。

这也就是说，我们的文案虽然主要是写给目标用户看的，但如果能把潜在用户也吸引过来，岂不更好？

想想看，同样的内容，下面的标题哪个更能吸引潜在客户？

《7月上海××俱乐部线路汇集》

《热浪来袭，看看7月上海周边最适合纳凉的地方》

显然，第二个标题更能吸引潜在客户。

发掘潜在用户还有一个方法，就是在文案中描述多个使用场景，使一些本来不打算购买产品的人也能成为目标受众。

比如福州一家"我是糕某某"的网红外卖蛋糕店，其主打产品是千层蛋糕，而其成功的秘密武器便是——多场景文案：

为了讨好小侄女，

小王国庆节带糕某某回家！

糕某某千层蛋糕

家里人都挂念

国庆，我来到你的城市，

你却不带我见识一下糕某某？

糕某某千层蛋糕

招待利器

国庆，即使在加班，

也要做个快乐的加班狗！

糕某某千层蛋糕

加班好伙伴

国庆，福州周边游，

儿女闹着要带上糕某某！

糕某某千层蛋糕

好吃好携带

国庆，不一定要宅家，

但宅家追剧真的好舒服啊！

糕某某千层蛋糕

追剧能量棒

　　"我是糕某某"在国庆节前上线新品，通过 5 个清晰的使用场景：回老家、接待朋友、加班、周边游、宅家，激发人们的购买欲，为不同的人群提供购买糕某某的理由。结果，糕某某一天时间便售出 1200 多单，营业额 15.36 万元。2015 年 11 月电商促销日，糕某某在某外卖平台创造了两个全国纪录：单店当天销售 1700 个订单，营业额 23 万元。这对刚开业不久的糕某某来说，是一个很不错的销量。

　　由此可见，在文案中描绘不同的使用场景，让用户产生"代入感"，便可以引发目标人群和潜在人群的购买行为。但这就需要我们认真分析不同消费者的每日行程，考虑他们在工作日、周末、节假日的情形，然后再将产品植入这些场景中。

做制造话题的人

制造话题是优质内容产出的主要方式之一，但是在写文案时，我们经常会陷入不知道该写什么的焦虑中。这个时候，我们只能试着自己制造话题。每制造一个话题，都是推出一个创意的过程，别出心裁不但容易引人关注，还会引发话题效应，引发再次传播，甚至在这个传播过程中还能引发二度创作。

一方面，我们应该在平时建立选题库，将自己看见过的好标题，或者自己写过的好标题归纳起来，当准备写某一个选题时，就可以参考之前收集的标题。另一方面，我们也可以遵循一些实用的技巧，比如：

（1）追热点，蹭热度

在制造话题方面，某公众号的经验是："一是凑热点，如当前某部电影火了后就围绕这部电影思考;二是凑超级知识产权（IP），搜罗各种历史上的名人或名著，如《西游记》就是个超级知识产权（IP），然后找这些热点事物里大众还不熟悉的点，找出一个与大众想象中不一样的逻辑进行写作。"

所谓热门事件，是指各个平台上的头条新闻，可能是当红明星制造的话题，也可能是重大科技变革、某些产品的发布会等。如果能够抓住这些热点事件，引爆话题流量，便可以达到推广自己产品的目的。

小米的创始人雷军是个善于追热点的高手。他有一句相当经典的话："只要站在风口，猪也能飞起来。"2012年，小米累计销售额达到126亿元，不到两年，这个数字上涨到743亿元。小米之所以发展如此迅速，是与其善抓热点，借势而为，引爆话题流量密不可分的。有一段时间，外界疯传"小米模仿某品牌""小米是山寨国产机"等，这些言论将小米推到了风口浪尖。这个时候，雷军没有自乱阵脚，而是借助这个热度，策划了一篇文案《其实小米才是被模仿的那位》。外界对此一片哗然，很多人评价雷军是"手机制造业的段子手"。

无论如何，雷军策划的文案是成功的。既然人们关心小米是不是在模仿某品牌，那就利用大家对这个问题的关注，抛出人们所关心的话题文案来吸引消费者注意力。如此一来，用户关注的重点就从小米模仿某品牌转移到了小米的产品上。有了关注，自然就有了潜在的用户。

当然，不是所有的品牌或者产品追热点都是有效的，如果只是为了借势而借势，没有借到热点事件在公众情感中的势去给文案赋能，便无法取得更深的内在联系。

那么，该如何借势呢？首先要想清楚借势的目的，是为了吸收新用户、提高品牌影响力，还是凸显品牌的价值？不同的目的有不同的方法，如果生搬硬套很难达到好的效果。

所以，借势之前要努力寻找热点事件与产品之间的内在联系，如果只是随意找个看似相关的结合点，效果可能不会好到哪里去。我们应该好好想想：我们品牌的精神属性和文化是怎样的？热点事件的背后是公众想要表达些什么？产品本身和热点事件能表达同一种声音吗？这才是我们追热点时要认真考虑的事情。

2015 年 4 月 13 日，某中学的一名女教师向学校提交了一份辞职信，辞职信上只有短短的几个字："世界那么大，我想去看看。"言简意赅，恣意潇洒。没想到，大家反响热烈。结果，这份辞职信在网络迅速走红，因为它唤醒了很多人内心的渴望及对摆脱现状的向往。有人评论："这是史上最具情怀的辞职信，没有之一。"

在某档节目中，主持人说："这句话能流传开来，当然一方面它戳中了人的内心，人身上的很多痛点或什么，但是关键文案好，如果换一个再矫情点的，大家会不喜欢，觉得过了；如果再平淡一点的，也不具备传播的可能性。"

很多企业借这位女教师辞职信的热点，为自家产品做起了广告，比如：

> 某道词典：同意！语言那么多，记得带上有道词典！
>
> 某讯新闻：看来看去，还是腾讯新闻最好看。
>
> 某程：寻人启事——顾老师，世界那么大，我陪你去看看。
>
> 某安特自行车：世界那么大，我想去看看。绿色旅行，环保先行。
>
> 某度贴吧：一个人太孤单，有朋友才快乐！上贴吧，组织陪你一起去。
>
> 某啊：同意，那就马上去啊！
>
> 某老吉：要想红，就得有态度！世界那么大，带上吉叔去看看。
>
> 某某音乐：边走边看，音乐一路陪伴。
>
> 某纪佳缘：找个男朋友，不要自己走。
>
> 某8同城：世界那么大，我想去看看。反正回来找工作，我能上某8！

由此可见，当文案能够唤起人们内心美好的念想，提供一个想象的突破口时，就会是一份出彩的文案。

（2）盘点与回顾

网络上的信息很多是碎片化的，我们可以通过归纳整理，将相关的信息汇集成一篇篇盘点文章，比如：

《今年的网络流行语都在这里了》

《十大现役及退役盘带大师》

《互联网社交编年史：网事如"虹"》

《盘点十大最美天文摄影图赏太空神秘景象》

这些盘点文章，将内容进行高度提炼和概括，言简意赅，既有气势，又能显现文章的内容深度。这样的文章，相信很多人都愿意花时间读一读。

还有第三方支付平台十周年广告文案《账单日记》，记录了一位女孩的十年经历。文案这样写道：

美好的改变，算不清。

2004年，毕业了，新开始，某付宝最大的支出是职业装，现在看起来真的很装。

2006年，3次相亲失败，3次某付宝退款成功，慢慢明白，恋爱跟酒量一样都需要练习。

2009 年，12％的支出是电影票，都是两张连号，全年水电费有人代付。

2012 年，看到 26 笔手机支付账单，就知道忘带了 26 次钱包，点了 26 次深夜加班餐。

2013 年，数学 23 分的我，终于学会理财了，谢谢啊某额宝。

2014 年 4 月 29 日，收到一笔情感转账，是他上交的第一个月生活费。

每一份账单，都是你的日记，

十年，3 亿人的账单算得清，美好的改变，算不清，

某付宝，十年知托付。

某付宝本来是花钱的工具，但这篇文案却使它成为了消费与成长的见证者。文案记录了一位女孩的十年成长经历，其中也伴随着某付宝十年的变化，每一句叙述都极具画面感，使每个人都能自然地回想起自己使用某付宝时刻。短短 200 多字的文案，将支付、代付、支持退款、交水电费、电影票选座、转账、理财等多项某付宝的功能与特色梳理了一遍，这对某付宝的忠实用户来说是产品功能的再次提醒，对新用户来说也是一个很好的产品功能推介，使他们更多地了解并开始使用某付宝的其他功能。

另外，去哪里玩，在哪里吃，如何打发无聊时间，人人都感兴趣。所以在美食、生活类的文案中，"盘点式"文案十分常见。

比如：

> 《这可能是成都最棒的外卖指南，拯救正在宅的你》
> 《2015 年成都"苍蝇馆子"50 强完整典藏版》
> 《年度手机应用榜中榜，来看看哪些应用横扫各大榜单》

（3）独辟蹊径

没有话题，没有持续性的内容输出，就很难引起消费者的关注。在制造话题时，若能独辟蹊径，也能取得很好的效果。比如一个《啥是佩奇》，就让鼓风机价格飙升，成为过年期间人们热议的话题。

某知名公司策划的一个话题《请给我爸爸放天假》，传播内容只是两封很短的信件，但宣传效果却一点也不输给大手笔。

> "亲爱的××，你可以在我爸爸上班的时候，给他放一天假吗？比如让他在周三休息一天。因为我爸爸每周只能在周六休息一天。凯蒂。附笔：那天是爸爸的生日。再附笔：这是暑假。"

女孩要求该公司给爸爸放假，那么，该公司是如何回应的呢？

"亲爱的凯蒂，感谢你的来信和你提出的要求。你的父亲在工作中一直很努力，他为××和全世界千千万万人设计出了很多漂亮的、令人欣喜的东西。鉴于他的生日已快到来，以及我们也意识到了暑期休假的重要性，我们决定让他在 7 月的第一周休假一个星期。祝好！"

如此简单的一个故事，却感动了很多人，触动了人们内心最柔弱的部分。这个故事最早是通过美国几个著名的科技博客传播出去的，因为故事温暖、触动人心，所以没有人去计较它的出处，更没有人去探究媒体是怎么得到这些信件的。人们在社交网络上大量转发，某搜索引擎搜索到的相关记录就超过了 7500 万条。

把流量变成销量

在互联网时代，流量就是销量，一项调查表明，以微信、微博为代表的私域流量，已经成为绝大部分中小企业当下重要的销售渠道之一。而微信、微博运营是内容为王，内容的好坏将直接影响阅读量，也就是流量。如何把内容做到大家都喜欢？如何维持粉丝数量不下降？如何才能不断增加粉丝？这都是微信、微博运营要做的工作。

下面我们来看看撰写微信朋友圈、微信公众号及微博的文案时，有哪些技巧和注意事项。

（1）微信朋友圈

所谓"朋友圈"，就是"朋友的圈子"，我们刷微信朋友圈，一般是为了了解朋友的生活动态，所以微信朋友圈里那些成功的、不会引起反感的广告，更像是一个朋友在对我们说话。

在微信朋友圈推送的文案，第一要坚持原创为主，哪怕是转载的内容，也应该加入自己的观点。而且要有趣、有料，生动幽默，能吸引别人读下去。话题越轻松，人们的警惕性就越低，越不容易产生反感。这个时候，在话题中夹带产品的广告文案，人们在轻松一笑的同时，也对产品有了一些了解。

比如一个快餐品牌借助日常生活中当男方用微信向女方表白失败时，男方很可能会被女方拉黑的场景，推出了黑白套餐，文案这样写道：

喜欢就表白，不爱就拉黑，随你喜欢。

文案与场景可谓完美融合，让用户看到以后忍不住会心一笑，不自觉就认同了这款黑白套餐。

当然，要写出有意思的朋友圈文案，也是需要积累的。有积累才有输出。比如，对于身边发生的一些趣事、精彩的对话，平时看到和听到的有趣的笑话、段子、广告等，都可以记录下来作为素材，这样的素材比较真实，更有可读性。同时，要善于利用一些社会热门事件，及时进行产品文案的推送，如各种节假日、中高考、明星动态等。

第一，该蹭的热点一定不要错过。

第二，朋友圈是碎片化的社交，发表的文案最好不要太长，以 120 个字左右为宜。太长的话会被折叠，很多人可能不会点开把文字全部看完。

第三，要有互动性，这个可以通过提问来引导别人。比如想要推广一家川菜店，可以这样发文案：

今晚想吃川菜，谁知道哪家川菜比较正宗？有约的吗？

这样一来，就会引发大家的讨论，在讨论的过程中不经意地把自己想要推广的店透露出来，广而告之的目的也就达到了。

第四，要营造神秘感，引发别人的好奇心。比如：

今天晚上 8 点，我将宣布一个重磅福利。另外：如果点赞超过 100 人，我将提前公布福利内容。想提前知道的朋友请点赞。

第五，可以搞一些有奖活动进行推广。比如采用集赞的方式："新店开张，点赞逢 8、18、28、38……送礼品或发红包。"奖品可以是自己代理的产品或服务，这样就可能得到一个潜在的消费者。

在朋友圈推销一款产品时，因为每天都要更新好几条相关文案，为了写出新花样，不得不绞尽脑汁，但还是不免会产生江郎才尽的感觉。

所以，写文案时，找到切入的角度很重要，比如卖一款裤子，可以从产品的面料、设计、功效、使用场景、工艺、价格、产地、创始人或设计者的故事、包装、新闻动态、顾客评价、发货方式、蹭热点等不同的角度来发挥。比如裤子版型设计独特，可以穿出大长腿；裤子在家可以穿，约会可以穿，上班也可以穿；比如气温骤降，裤子保暖效果很好；等等。只要我们认真思考，细心观察和积累素材，就会有源源不断的灵感。

（2）微信公众号

公众号是微信延伸出来的一个平台。在内容为王的今天，公众号需要持续不断地更新高质量的内容，才能留住老粉丝、吸引新粉丝。

在公众号上，营销文案不宜过多，否则，粉丝会认为，我关注你，是为了看文章，而你却总想着做广告挣钱。他们不会去想运营公众号需要花费多大的精力和心力，如果没有相应的经济回报，又如何持续输出高质量的文章？但是，这个也没有办法跟粉丝讲道理，只能自己想办法，比如筛选与公众号的定位契合度比较高的品牌。有些公众号因为本身定位不太明确，情感、育儿、鸡汤、旅游、教育、社会热点事件……什么类型的文章都有，内容比较杂，如果接到广告，想在账号和产品之间做关联写出营销文案就很难。写成客户想要的，粉丝不爱看；写成粉丝爱看的，客户又不喜欢。

怎么办呢？比如一个财经类的公众号接到了一个肥牛广告，写文案的时候怎样进行平衡，才能既让客户满意，又让粉丝喜欢呢？

一个很普遍的做法是写"神转折"文案，也就是前面写正文，结尾放产品广告。这种文章，只要正文内容好，植入方式自然，即便看到末尾发现原来是要做广告，粉丝也不会太过反感。这样就有利于提高产品曝光度，二次传播也比较高。比如某公众号为一款网约车写的软文《我一直在等你》，植入广告时过渡便非常自然："很多事需要等待，但有些事没必要等太久。"

写这种文案，通常需要有内容载体。"广告之父"大卫·奥格威认为："如果一条广告看起来不像广告，而像一条新闻或评论，那么大多数人会停下来将它读完。"

比如，某公众号的文章《最好的婚姻，就是做彼此的"脑残粉"》就是以新闻评论为内容载体的软文，文中总结了5项20年婚姻保鲜的秘诀，结尾植入广告时是这样写的："某明星想用做菜去讲爱情的道理，他婚姻保鲜的秘诀我们已经知道了。他做菜的秘诀，我来偷偷告诉你，那就是某酱油。"

内容载体的作用是让人沉迷于内容，在潜移默化中植入广告。

除了新闻评论，内容载体还可以是知识科普、资讯集合、短篇小说、日记随感等。

知识科普类软文如《梵高为什么很穷》，文章以通俗易懂的语言，从梵高的人生经历进行分析，得出一个结论："梵高穷到请不起模特，画来画去只能画自己。"但是，梵高每个月有弟弟接济的200~250法郎生活费，按他的开销，怎么算也不会超过100法郎，"那么问题就来了，梵高的钱究竟上哪了？这个问题别说我答不上来，相信就连梵高自己也搞不清楚……"这时开始植入广告："可惜，当时没有某付宝，不然滑几下手指就能轻松理财了。最近某付宝还搞了个新功能……如果真有某付宝，也许梵高的生活不会那么拮据。"

资讯集合类软文如《get（学会）金秘书的职场小细节，升职加薪没难度》，以电视剧角色"金秘书"为例，建议职场人士"不要在背后议论同事""学会换位思考""在和工作相关的场合，永远不要喝多""注意衣着打扮"等，然后在文章结尾推荐了一款衣服香水。

短篇小说类软文一般篇幅短小、情节简单、人物集中、结构精巧，如有一篇文章改编自《笑傲江湖》，故事讲述了令狐冲在华山的师徒情谊及其与小师妹的情感故事，在情节进展到风清扬传授令狐冲剑法时写道："令狐冲在山上身无分文，是哪来的钱交学费？在他行走江湖的那些日子里，'不带心法'不止一次帮助令狐冲化险为夷……天下功夫，唯快不破。××银行不带卡，一键出卡，即刻使用，还有多重优惠等你来拿。"

日记随感类软文，有一篇文章里讲述了单身的"我"在餐厅独自用餐、排队等候的尴尬与无奈，然后在结尾适时推荐了××自助点餐手机应用。一般来说，日记来源于我们对生活的观察，可以记事、写人，也可以状物、写景，还可以记述活动。总之，我们在一天中做过的、看到的、听到的、想到的，都可以作为日记的内容。

值得注意的是，文章结尾一定要呼应开头，这样才能在写好正文的同时，自然衔接广告。另外，产品销售是综合行为，文案只是其中的一个关键环节。所以，文案中强调的亮点，要与推广、设计、后期宣发等相关内容的亮点保持一致。

（3）微博

微博内容简短，一般不超过140个字，属于快餐式阅读。再者，微博的互动优势也是显而易见的，每次发生热点事件，相关微博会被大量转载，产生"病毒"传播式的营销效果。

和微信是一个小圈子不同，微博属于开放状态，阅读不受限制，不论有没有人转载，理论上所有人都可以看到。在转发方面，微博随手转发一个产品的帖子，不会有太大影响，而微信则不同，容易被朋友认为是在推销产品或做代购，从而产生反感。另外，微博主要以新闻、事件、热点为导向，适合蹭热点话题。

写微博文案时，需要考虑人们的阅读习惯。一般来说，人们针对微博的"有效阅读时间"只有 2 秒，按照正常的阅读速度，2 秒钟只能看 10 个字，所以需要运用一些写作技巧：

一是要有分享性。只有高质量的文案才会受到人们的追捧，在如今这个信息发达的时代，人人都可以成为广告的传播者，所以微博文案要让人们觉得有意思，并且有实用性，才会被分享出去。同时标题要能夺人眼球，可以采用夸张、争议、反转、疑问等方式，引发人们的好奇心。

二要有很强的热点捕捉能力，随时关注热点，善于借助热点事件作为文案的主题，以增加被用户搜索到的概率。热点事件可以是节日、娱乐、新闻、公益等，其中公益效果是最好的，但最重要的是借助的热点要符合品牌或个人的定位。

高考是全国人民关注度最高的热门事件之一，每年都有商家借助这个热门事件进行营销。比如，某饮料品牌在 2022 年推出了高考定制罐，从"高考学科罐""万试大吉""高三班吉罐"到"谢师罐"，祝福高三学子"科科加吉，万试大吉"，赢得了广大考生和家长的一波好感。

福州的一个网红外卖蛋糕店，在蹭热点上也可以说做到了极致。2015 年 9 月，电影《九层妖塔》在福州电影院进行宣传，该网红外卖蛋糕抓住机会，定制了一款特别大的蛋糕，上面写着"九层妖塔大卖"，借此火了一把。此后，该网红外卖蛋糕牢牢抓住影城资源，让很多明星为自家产品宣传造势，成功使自身成为福州的明星专用接待蛋糕。

三要尽量简短，话题新鲜有趣，观点鲜明，图文并茂。

四是注重与粉丝的互动。互动是提高话题热度和参与度的重要方式，可以设置转发、点赞、评论等抽奖活动，赠送小礼品，这样可以吸引更多人关注话题，以达到一传十、十传百的效果。

某手机品牌也是微博营销的一个受益方。2010年时微博开始火了起来，该品牌抓住这个机会，积极调动用户的参与热情，成功获得了一批忠实的粉丝。

该品牌在微博上发起的第一个营销活动是"我是手机控"，即晒出自己玩过的手机。这个话题吸引了大约80万人参加，而转发量最高的微博创下了新浪微博2012年转发纪录，多达265万次。这次活动使该品牌的微博粉丝大增，并在微博上树立了该品牌手机的口碑。

2012年，该品牌又在微博上发起了"150克青春"的手机营销话题。这款手机青春版的目标人群是身处校园的年轻人，150克是其青春版手机的重量，包装盒更是噱头十足——"内有150克青春"。这次活动的所有素材都与校园有关，成功引起了目标群体的共鸣。

当时正值电影《那些年，我们一起追的女孩》火热上映，该手机品牌的7个合伙人干脆模仿其基调拍摄了一系列的海报和视频。同时，为了进一步刺激人们转发，该手机品牌宣布：有奖转发，送该品牌手机。于是，仅仅2天时间，"该品牌手机青春版"微博便增加了41万粉丝，转发量达到203万次！

另外，还有某品牌汽车18名高管冲锋式入驻微博、2018年某付宝锦鲤抽奖等事件，都是经典的微博营销事件，赚足了曝光度。

第二章　夺取注意力

- ☑ 写好标题
- ☑ 开个好头
- ☑ 讲好故事
- ☑ 做好收尾

写好标题

正所谓"题好一半文",一个优秀的标题相当于一篇文案的门面,吸引人们的眼球是其第一使命。而引起注意是说服消费者购买产品的第一步。一般来说,读标题的人会比读内容的人多出 4 倍。换句话说,一篇文案的标题的价值占整个广告预算的80%。

广告大师大卫·奥格威认为,80%的人只看广告标题而不看正文。所以,文案的标题必须要陈述一个完整的事实,让人们即使不阅读正文也能大概了解文案所要传达的意思。如果文案标题不能在第一时间吸引人们的眼球,就有很大可能会失败。

万变不离其宗,取标题的核心在于精准表达,只要意思传达到位,能打动目标群体即可。概括来说,文案的标题写作可以参考以下几种方法:

（1）制造新闻感

一般来说，新闻比广告更权威、更及时，也更有趣。新闻标题通常没有固定格式，只需做到简洁明了，说清楚时间、地点、人物等要素即可。时间可以是现在、今天、年份、这个秋天、本周日等，因为人们总是更关注最新发生的事情；新闻主角可以是著名的手机厂商、知名企业等，也可以是热门人物。比如：

《人口普查今起"登门入户"，普查时间至本月29日，严格保密被调查人信息。》

《大雨后车辆扎堆"疗伤"，北京不少车辆雨天遭殃，维修人员提醒：车辆水中熄火别重启。》

另外，还可以加入重大新闻常用词：全新、新款、上市、曝光、突破、蹿红、风靡等，让人感觉"有大事发生"。比如：

《全新发明：喝这杯饱含油脂的咖啡，居然能减肥！》

《2019全明星赛上场鞋照大曝光，有一款今天6折！》

（2）善用数据

很多时候，数据说明一切。在文案标题中使用数字，可以大大提高文案的严谨性，带给人们很大的视觉冲击力，从而产生说服力。

比如《北京45天3D打印出400平方米别墅抗8级地震》《月薪3000元文案与月薪30000元文案的区别》《看××如何用一面围挡，撬动10万+传播》，这类标题把文章内容的价值可视化，可以给人一种很厉害的感觉。

《××的营销攻略，都在这篇文章里了》，这样的标题有些平淡，如果改成《××创造100亿元利润的秘密，都在这篇文章里了》，其中量化的数字，可以有效调动人们的情绪。

在使用数据时若善用对比技巧，还可以达到截然不同的效果。比如将《文案小白终于拿到了一万月薪，分享我的血泪奋斗史》改成《一年之内月薪翻10倍，分享一个文案小白的血泪奋斗史》，或者将《教你如何在三个月之内将月工资翻倍》改成《教你如何在三个月之内将月工资从3000元增加到30000元》，显然后者更有吸引力。

（3）使用第二人称

为了找到与大众有关联的东西，可以站在消费者的角度去思考问题，其中一个有效的方法就是在标题中使用第二人称"你"，从而拉近与消费者的距离。

使用第二人称"你"，很有代入感，就好像我们在与消费者一对一沟通，显得很亲切。比如：

《你的微信名字，暴露了你的人生》

《你是什么人，就会遇见什么样的人》

《如果朋友圈有一个测谎仪，你会说什么》

《从什么时候开始，你觉得自己老了？》

（4）运用悬念

生活中，我们难免会产生很多困惑，但又一时没有找到确切的答案，如果这时有人给出了答案，就会忍不住想看个究竟。

标题运用悬念，第一种是在标题前半部分描述一个比较极端的场景或者情况，再在后半部分加上"这样""这几种"等词语。比如：

《真正宠你的男人，会这样对你》

《恋爱时，男人最烦女人这五种行为》

看到这样的标题，女人往往会想：宠我的男人到底会怎么对我？恋爱时男人最烦女人哪些行为？然后带着这种好奇去阅读正文。

标题运用悬念，第二种则比较直接，在标题中直截了当提出问题，如果想知道答案，必须看完正文。比如：

《是什么让厨具走向了不归路？》

《为何这里的学生个个都是人才？》

《年轻人要奋斗多少年才能在北上广深买房？》

《不懂艺术的人去艺术展，应该做什么？》

《为什么你参加了很多培训，却依然一无所获？》

《为什么我们现在不看书了？》

《为什么你很努力，成绩却很差？》

《从每个3元到每个300元，这个杯子到底经历了什么？》

另外，还可以在标题中自问自答，用出人意料的回答，让人产生进一步了解的兴趣。比如：

《爱人和被人爱哪样更好？都不好，如果你的胆固醇值超过600的话》

《还没开始使用手工皂？你太OUT（落后）了！》

《你一定不知道，某讯、某里巴巴是如何发展用户的！》

（5）善于借势造势

人或多或少都会有崇拜权威的心理，如果能借名人、明星、网红、热播剧、热播综艺等，免费搭上流量的顺风车，就可以借势赢得一波流量。比如：

> 《30岁海归姑娘"裸辞"，在三里屯地下开了家"可以吃的花店"，连某知名歌手都慕名前往！》
>
> 《23年不用手机、不上网的大叔，竟然开了家网红店，白天是理发店，晚上是酒吧，只有33平方米却让全世界最好的爵士乐手都来"打卡"》
>
> 《某互联网大佬看了这些视频都说好》

但要注意，这类标题切忌强行扯关系，否则会让人有一种"被欺骗"甚至失望的感觉。要想承接热点，自然而然地转接到想要传达的信息上，一方面需要准确的切入点，另一方面需要成熟的文字驾驭能力。

（6）要有故事性

人们天生喜爱故事，特别是离奇的、诡异的、真实的、荒诞的、励志的、传奇的故事，通过窥探这些他人的人生经历，从中获得自我满足。所以故事类标题能很好地吸引人，其中的冲突、反差戏剧性会牵动人们的心，调动人们的情绪，让人们忍不住想要阅读正文。

一般来说，像这种故事性标题突出一些正常人无法经历的、做不到的，具有传奇色彩和戏剧色彩的经历。比如：

《17 岁时他说要把海洋洗干净，没人相信，21 岁时他做到了！》

《听起来难以置信，手机将在 5 年后消失》

《一夜之间，北京的井盖全消失了。××湾——开创中国居住的全成品时代》

在营造戏剧性时，可以从制造反差入手，比如学历和职业反差：

《北大高材生卖猪肉》

《辞掉硅谷工作回国卖小龙虾》

《某驰汽车总监辞职卖烤串，半年月销从 6 万到 30 万》

年龄反差：

《84 岁老翁自创美妆品牌》

《不会吧？80岁的老奶奶可以2秒击倒1.80米的壮汉！》

境遇反差：

《我是如何成功地把一家公司开垮的》

《5年前，我是在公园过日子的流浪汉》

《从破庙办公到年赚13亿元》

《我从小口吃，昨晚3万观众听我演讲，持续鼓掌5分钟！》

我们还可以从营造冲突、矛盾、观念差异入手，比如：

《隔壁"钻石王老五"的艰难生活》

《我中了500万，但我却没办法开心起来》

《不需要开冷气，您家里的每个房间就能立刻凉爽无比！》

这类标题往往会引发人们心理上的不理解、抗拒、不认同，有一种"欠打"的意味，这样可以吸引人们阅读文章的内容，看看是否属实。不过，这类标题要谨慎使用，以免挑起争端、引起矛盾。

　　有的时候，若能在标题里加入一些悬念，还可以吊足人们的胃口。一种是话只说一半，以省略号结尾，比如：

　　《比财务自由更重要的是……》

　　《我很想忍住不推荐它，但实在忍不住，它是……》

　　《让基本款变有趣时髦的秘诀是……》

　　还有一种是不交待清楚关键信息，需要阅读文章才能找到答案，比如：

　　《有一件很重要的事，越早做越好》

　　《青春期的我们，都伤害过一个人》

　　《同事嘴里"愚蠢的绝招"，让我成为公司年度销售冠军》

　　（7）巧用网络梗和流行语

　　对名人名言、俗语、网络流行语、古诗词的活用和改编，可以增加标题的趣味和灵性，达到迅速吸引人们注意力的目的，因为运用得当也是抖机灵的一种方式，会显得活泼、时髦、有吸引力。比如：

《确认过眼神，是森女的街拍风》

《是金子，总会花光的》

《当〈权力的游戏〉遭遇"蠢蠢的死法"，连最悲催的"领便当"也变得萌萌哒》

某知名作家曾经写过一句文案"春风十里不如你"，之后，很多人通过幽默加工，改编了不少有趣的标题：

《春风十里，不及甜蜜的你》

《春风十里，我在大庆等你》

《〈李某歌手预售时间公开〉春风十里不如"李"》

《春风十里，不如一场"春风尔雅"之约》

某电视剧里有一句台词："臣妾做不到啊"，文案标题借用了这句台词：《这些"真心话"，臣妾不敢说啊！》。

"妈妈再也不用担心我的学习了"这句话也经常被活用，比如有一篇文章的标题是《原来修眉画眉这么简单！妈妈再也不用担心我手残了》。

还有一种金句式的标题，承载着深刻的洞察、思考或调侃，大多以"你以为……但其实……""不是……而是……"等固定句式出现，其观点独特、力透纸背的标题，令人印象深刻。比如：

《有的人，你以为他是疯子，但其实，他是面镜子》

《累死你的不是工作，而是工作方式》

《你活得太难，不是因为没能力，而是……》

（8）产生情感认同

在文案中描述人性的特点、大家都经历过的事情，可以有效引起用户的思考、反思、回忆，从而产生强烈的共鸣，进行互动。

不同的社会群体、不同的年龄层，通常会有不同的情感共鸣。比如：

《你的前半生，躲不过这些人生大问题》

《我最大的中年危机：上有老，下有猫》

《那个在朋友圈晒加班的同事被开除了》

当人们产生了心灵上的共鸣，就会在情绪和行动上表现出来，除了把文案转发出去，还有可能会马上购买文案推广的产品。

有时还可以唤醒目标群体的记忆，引爆目标群体的情绪，比如：

《妈，我可能今年结不了婚了！》

《你凭什么说我不善良？》

《我把你当朋友，你却只想收我份子钱！》

（9）展示好处

对于能给自己带来利益的事情，人人都感兴趣。如果能在标题中或明或暗地展示一些好处，人们就会下意识地点开标题进行阅读。比如优惠促销类：

《这款内衣卖疯了，前 300 套半价 198 元》

《×× 海洋馆通票开团，200 元玩遍全场！》

《买一送一的特权》

标题中尽量要用具体的数字打动人，而不是"5 折优惠""大降价"等比较笼统的词语。

还可以给出建议，告诉人们应该采取哪些行动，给出解决方案。比如：

《今天去割了双眼皮，明天你就能闪闪动人！》

《我用 10 件衣服，搞定整个夏天穿搭！》

《"手残党"福利：5分钟就能给自己换个新发型》

《快速成为魔鬼筋肉人的八大训练方法》

《关于加薪，老板绝对不会告诉你的4个秘密》

《每个时代，都在悄悄犒赏努力学习的人》

《上班族学会这套理财方法，可以净赚10万》

《如何发邮件请求帮助，并获得超高回复率？》

很多受众是有刚需的，比如技能要点、生活技巧、锻炼要素、情感指导等，所以，在标题中直接指出存在的问题，并且给出具体的解决方案，这样就可以吸引目标人群阅读并分享出去。

（10）经验分享

生活中，经验分享式的软文比较受人欢迎，因为人们阅读时往往带有目的性，希望从中汲取某方面的经验与总结。在写这类标题时，可以采用对比的方式，给人们眼前一亮的结果。比如：

《月入5000元小家庭4步实现养娃又买房》

《吃得太油腻怎么办，10种食物缓解油腻》

《米饭你真的吃对了吗？"粗茶淡饭"才是真理》

《怀孕6个月，弯腰不方便，家务事怎么办？》

《用了××精油，80%的人集体"换脸"》

需要注意的是，分享经验式的软文内容，需要有一定的权威性和学术性，或者至少经验性要比较强，切忌大量抄袭。

（11）直击痛点

人们终其一生，都在与傲慢、懒惰、嫉妒、贪婪这些人类的弱点做斗争。我们要让消费者明白，我们推广的产品可以减轻或者消除他所面临的痛苦。比如：

《新年礼物！拖延症晚期也能 1 年读完 100 本书》

《1 个好的创意可以帮你省掉 30000 元的预算》

《阅读量超 10 万的标题到底该怎么取，读这一篇文章就够了》

这些标题，都很好地迎合了人们的心理需求。

好标题，都是花时间"磨"出来的。人们在不太确定文案内容质量的情况下，往往会通过标题给人的第一印象来判断到底要不要读下去，所以花点时间去琢磨标题，是值得的，也是必须的。

需要注意的是，好标题不等于"标题党"。"标题党"纯靠套路了无新意，要么是格式化的套路，要么是稀奇古怪的符号，要么是无原则地说大话，有时虽然能够吸引人们点击阅读，但是它可能与品牌产品毫不相干，而且还会因为标题含有浮夸、虚假、造谣等不良信息而损害品牌形象。

　　所以，耍噱头、卖弄文句或夸张吹捧，都不可能写出好的标题。一个设计精妙的标题，当其精妙之处能够强化销售信息、加深人们的印象时，才算真正具备了价值。

开个好头

一篇好的文案，除了精心拟定的标题，它的开头也极其重要。因为人们最先看到的肯定是开头，开头决定了人们是否感兴趣，是否继续阅读下去。

杜拉斯的经典小说《情人》开头是这样写的：

我已经老了，有一天，在一处公共场所的大厅里，有一个男人向我走来。他主动介绍自己，他对我说："我认识你，永远记得你。那时候，你还很年轻，人人都说你美，现在，我是特地来告诉你，对我来说，我觉得现在你比年轻的时候更美，那时你是年轻女人，与你那时的面貌相比，我更爱你现在备受摧残的面容。"

很多人没有读过这本书，却对小说的这段开头记忆深刻，可见一个好的开头对整篇文章的影响之大。所以我们常说"好的开头就是成功的一半"，可是万事偏偏开头难。当人们敏锐地嗅到文案卖货的味道时，拒绝就是下意识的行动。所以，一个能够吸引人读下去的开头就显得尤为重要，它需要有一定的迷惑性，掩盖自身卖货的目的，吸引人们完成阅读。

研究显示，如果人们阅读了文案的前 25% 而不觉得厌烦，就有高达 80% 的概率读完全文。而如果有人看了文案的开头后继续阅读，他就会成为潜在的消费者。

文案开头的第一句话，应尽量使用简单句，字数越少越好，要杜绝长难句。一则全国爱眼日的文案这样写的：

爱护眼睛要注意：
游戏莫着迷，电视要远离；
熬夜不可取，网络应放弃。
爱护眼睛就是爱护自己，愿你的眼睛明亮又美丽。

再如，一则世界读书日的文案可以这样写：

一本好书犹如一个朋友，
伴你经历风雨，伴你一路成长，一路净化你的心灵。

世界读书日，读一本好书，交一位挚友。

还有文案界传奇人物约瑟夫·休格曼写的一篇文案，是这样开头的：

我要做一笔大买卖。

我敢说，即使你不买这套房子，也会爱上这个故事的。

一切都源于一次邀请。

我受到国内最优秀的房产开发商之一的邀请，来他家参加一个聚会，他家位于加利福尼亚州的马里布。

我不知道自己为什么会被邀请，开发商只是说："来吧。"

文案第一句话的目的是什么？就是让人阅读第二句话。第二句话的目的又是什么？是让人阅读第三句话，依此类推。

有一篇文案《新年灵魂三问：结婚了吗？加薪了吗？瘦了吗？》，开头第一句话就是"这次不走煽情路线，聊聊大家最关心的年终三问"，简单直接，直奔主题。

写文案就要这样，内容要能持续吸引人们的注意力，让人阅读起来欲罢不能，接二连三地阅读每一句话，直到看完我们的文章。

而要写好开头，也有一些套路，常用的有以下两种：

（1）利用提问来制造悬念，勾起消费者的好奇心

写作模板：提出问题＋解答问题。也就是先简要提出问题，再接着给出答案。注意答案要让人意想不到，这样才能达到趣味化的效果。

第一种是用"你……"的句式来提问，制造对话互动的场景。

比如有一篇文章《你为什么还留在上海》，开头说住在上海要面临房价高、拥挤等一系列问题，然后提出质疑："这么艰难，你为什么还要留在上海？"看到这里，很多人可能以为这是一篇散播焦虑的文章，然而读到最后才发现这其实是一个手表的广告，主打的概念是"时间会给你最好的答案"。

这就是一个比较典型的设置悬念，开头提出一个问题："你为什么还留在上海？"然后给出答案："时间会给你最好的答案。"开头这个充满焦虑的问题，想必会引起很多年轻人的共鸣，所以也会吸引他们阅读下去。

提问的核心，是把消费者和产品紧密地关联起来。而把消费者和产品关联起来最有效的方法，就是用产品的卖点化解消费者的痛点。

一款产品往往有很多卖点，在提问时，我们需要在众多卖点中提炼出能打动消费者的"卖点集合"。比如一款洗衣液的文案：

　　洗衣液天天用，你真的了解它们吗？

　　你觉得放得越多，泡沫越丰富，去污能力就越强吗？

　　你觉得泡得越久，洗得越干净吗？

　　这种表述方式，可以增加文案和人们之间的互动感。人们在阅读这种文案时，会不自觉地在心里做出回答，从而被文案的内容牵着走。

　　第二种是用"如何……"的句式来提问，提出疑问，造成悬念。

　　人们在生活中有着各种各样的盲区、烦恼、焦虑，希望获得有价值的信息。"如何……"这样的提问句式，可以帮助人们提出疑问，让人想要看看文中的内容能否解答自己的疑问。

　　如何靠摄影获得自己人生的"第一桶金"？

　　如何靠3000个自媒体内容获得18万收入？

　　如何靠"说故事"得到梦想中的一切？

　　这个知识付费界的"新品种"，如何靠裂变获取近百万粉丝？

　　某多多如何靠砍价"策略"获取1亿流量？

　　这样的开头，会让人觉得别人已经做到了某件不容易做到的事情，读完这个故事，就可以知道别人是怎么做到的，用了什么奇招妙招。这样的表达方式，可以增强人们的好奇心和信任感。

第三种是用"那么多……为什么……"的句式来提问，吊足人们的胃口，忍不住想要打破砂锅璺（问）到底。不管推广什么产品，几乎都可以运用这种句式，比如：

> 市面上有那么多牌子的酸奶，为什么××品牌的就那么受人欢迎？
>
> 网购平台有那么多，为什么大家更喜欢去××买东西？
>
> 婴儿奶粉有那么多，为什么妈妈们都选择××牌子呢？

（2）利用特定的句式来打动消费者

第一种是"如果说……那一定是……"的陈述式，它可以通过层层递进的方式，让开头的表述更为自然。

> 如果说这个世界上有一种美食能让你欲罢不能，那一定是火锅。要说火锅界的王者，那一定是重庆火锅。
>
> 如果说这个世界有一种水果能让你感到幸福，那一定是草莓。要说最好吃的草莓，那一定是××草莓。
>
> 如果说这个世界上有一种饮品让你一秒折服，那一定是咖啡。要说最好喝的咖啡，那一定是××咖啡。

这种句式几乎适合推广任何产品。如果在文案中直接介绍产品，会给人一种"硬推"的感觉，而用这种句式进行"掩护"，就可以很自然地带出产品大类，然后再用"要说……那只能（一定）是……"来引出具体的产品，有一种水到渠成的感觉。

第二种是"如果有一款……，永远（好处1），……让你（好处2），那就太好了。如果正好……还能让你（好处3），那就太完美了！"的陈述式。比如：

> 如果有一把伞，永远不会湿，随时可以收进包里，让你能减去雨天99%的麻烦，那就太好了。如果正好还遮阳，还能晴雨两用，那真的太完美了！
>
> 如果有一种防晒霜，永远不会让你被晒黑，清爽不油腻，让你可以尽情地在海边玩耍，那就太好了。如果正好还有美白效果，还能一整天都不用再补涂，那就真的太完美了！

这种递进式的惊喜，会让人感觉产品确实完美无缺，此时不买更待何时。

第三种是"大多数人……却……"的陈述式。

《懒人致富》的作者乔·卡伯只是高中毕业，他自学了直邮营销，在电视节目里卖东西，赚了不少钱。后来，他把自己的经验写成书，教普通人靠直邮生意赚钱。他在报纸上登了一个广告来宣传推销自己的书，广告开头这样写道：

> 我过去常常拼命工作，一天工作 18 小时，一周工作 7 天。
> 但我并没有挣大钱，直到我减少工作时间——少了很多之后。

这个开头未免有些不合常理，人们看了往往会产生这样的疑问：为什么拼命工作没有挣大钱，而减少工作时间却挣了大钱？他是用什么方法挣到这么多钱的？他是在骗人吗？他的方法有没有模仿的可能？我是不是也可以用他的方法来轻松挣钱呢？

他在广告里展示了自己拥有的东西：

> 我住在一栋价值 10 万美元的房子里。
> 我的"办公室"就在海滩上，离我家大概 2.5 公里，目之所及的景色如此壮美。
> 我有两艘船和一辆车——都是一次性付清款的。
> 我有股票、证券、基金，以及银行存款。

然而他又说：

> 但是我拥有的最重要的东西是无价的，那就是与家人相处的时间。

相信看到这里，很多人已经开始羡慕他，并且有了向往之心。这时，他适时抛出了交易的方法：只要读者付 10 美元给他，他就会把自己赚钱的秘密写进《懒人致富》这本书，然后寄给读者。读者读完如果不满意，可以全额退款，拿回自己的钱。

他成功了，这则广告帮他卖掉了大量的书。这则广告一投就是 5 年，他一生过得十分富足。他的死也非常传奇，一家电视台进入他家采访，但采访过程中的一些不愉快，导致他心脏病突发，再也没有苏醒过来。他给我们留下了这样一个"开篇金句"：

> 我曾经认识一个最聪明的人，他跟我说过一句让我永生难忘的话："大多数人整日里只为养家糊口忙忙碌碌，却因此失去了发财致富的机会。"千万不要像我一样花那么长时间才发现他说的是对的。

"大多数人……却……"这个转折句式，具有颠覆人们认知的作用。比如给扫地机器人写文案，用这个句式开头简直再适合不过了：

> 大多数家庭为了谁扫地拖地，甚至拖不干净地而吵个不停，却不知道，人类已经不需要扫地拖地了。

看到这个开头，相信很多人都迫不及待地想要知道，人类为什么不需要扫地拖地了。这个开头颠覆了"家家都需要扫地拖地"这个认知，而且暗示了后面会有"不需要扫地拖地"的方法，从而吸引人们读下去，以找到答案。这样一来，文案的目的也就达到了。

我们当然也可以把这种句式用在其他产品上面：

大多数人以为被太阳晒黑，捂几天就白回来了，却不知道紫外线潜藏着让人变丑、变老的四段危机。

大多数孩子埋头苦背单词，却不知道，现在背单词已经不用死记硬背了。

大多数人知道汗蒸可以出汗，却不知道汗蒸还有这个功能……

大多数人拼命学知识，却不知道这个时代的刚需是"知识管理能力"。

大多数人会把它丢弃，却不知道它被人称为黄金长寿药……

当你掌握了以上几种方法，便也可以写出吸引人迫不及待往下读的文案开头了。

讲好故事

好的文案要讲故事，而不是单纯讲道理，因为道理只能赢得辩论，故事却可以收服人心。所以，在文案中，若能穿插精彩的故事情节，不但能使文案更吸引人，而且还能传递有效信息。因为故事天然具有吸引力，能引起人们的情感共鸣，可以让沟通关系由"对抗"转化为"对话"。

故事可以是真实的，也可以是虚构的。

有一款学习产品，就讲述了一些令人感动的故事，这些人来自各行各业，有小学生，有出租车司机，有外卖小哥，有高校保洁员，有大学教授，他们有着不同的压力和困难，但都默默地通过学习来提升自己。其中一个故事是这样写的：

"感谢你每天清晨翻过一座大山去上学"

　　10 岁男孩李建文，是大岩垌小学唯一的一名学生。

　　每天早上他要翻过两座大山，步行 1.5 个小时，到达位于柳州深山之中的柳城县古砦仫佬族乡大岩垌小学上课。

　　这位 10 岁的小男孩为了求学，坚持每天 6 点钟起床，无论刮风下雨，他都会独自走过泥巴路、穿过料峭的石头道，翻过大山到达学校，上下学往返时间需要 3 个小时。

　　——《大山深处 9 岁男孩每天翻两座大山上学》柳州新闻网

　　这类充满正能量的小故事，很接地气，以最平实、最单纯的态度向学习者致敬，其中没有一处关于自家产品的宣传，推广方式可谓设计巧妙，让人容易接受。

　　那么，好故事要到哪里去找呢？

　　好故事可以来自本人、亲朋好友、同事、邻居，甚至不认识的陌生人，还可以来自咨询情感、家庭、事业、理财等问题的粉丝。每个人都有自己的故事，每个故事都不一样。

　　好故事还可以来自采访。因为好的故事一定是带有真实性的，因为很多情节是我们编不出来的。

　　好故事也需要去搜集，可以上网搜索、到图书馆翻阅资料、看相关纪录片等。

　　为了让故事更好地联结产品和消费者，说服他们采取行动，写故事时要遵循以下几个原则：

（1）营造情感的共鸣

从营销的角度看，能够打动用户的故事不需要情节跌宕离奇，而需要充满情感的共鸣，真实就是最有效的。比如某特卖商城的广告中，代言人讲述了自己的奋斗史，大火了一把。

> 你只看到了我的光鲜，却没看到背后的苦难
>
> 你否定我的现在，我决定我的未来
>
> 你可以轻视我们的年轻
>
> 我们会证明这是谁的时代
>
> 梦想是注定孤独的旅行
>
> 路上少不了质疑和嘲笑
>
> 但那又怎样，
>
> 哪怕遍体鳞伤也要活得漂亮
>
> 我是××
>
> 我为自己代言

这样的小故事也许毫无情节可言，但却贵在真实，让人们可以从中看到自己的影子，从而产生情绪波动和认同感。

（2）让人产生画面感

"别只是描述老妇人在嘶喊，而要把这个妇人带到现场，让

观众真真切切地听到她的尖叫声。"这是作家马克·吐温的写作准则。细节是衡量一个故事质量优劣的重要指标，也非常考验文案功底。充满细节的故事通常自带"镜头感"，更容易被人们的大脑所接收，感染力也会更强。要想写出有"镜头感"的文案，一个技巧是描述那些容易激起用户感官反馈的细节，它们可以让故事更加鲜活生动。

燃气能做什么广告呢？一家供应燃气、生产家用燃气炉的企业，却做出了一系列令人感动的广告，使得整个品牌也随之温暖起来。这些广告，关注人们生活中那些温暖而琐碎的细节，围绕家庭场景来呈现人物和故事。广告文案是这样设计的：

> 这是吵吵闹闹却又充满默契的一家人。他们只要说"那个"就知道对方要什么，但关于晚饭吃什么，大家却各有各的想法，爸爸说要吃炖牛肉，弟弟说要吃鸡翅，姐姐说要吃炸丸子，最后妈妈却做了炒饭。中间穿插着一些家人相处的小细节，比如随口哼出的搞笑歌曲，家人会自然地接着唱下去，但也会因为专心吃饭而都不吭声；妈妈在弟弟抱怨不喊他起床时说他长大了，但在弟弟扮成熟时又说他还是小孩子……
>
> 这是互相关心的一家人。姐姐外出，爸爸会等到深夜不睡觉；就算是弟弟小小的咳嗽，大家都会紧张；姐姐要出去

求学，出发的前一晚，妈妈一边炸着丸子，一边流眼泪；姐姐吃了一口炸丸子，一边说"很好吃"，一边流眼泪。

打开燃气，烹饪饭菜，享受生活，这个广告文案很自然地把家庭生活、家庭餐饮与燃气联系在一起，让一桌家常便饭成为人们深深的情感羁绊，充满了烟火气和浓浓的生活气息。这种真实而又温馨的氛围，很容易让人产生情感共鸣，如此一来，其营销目的也就在潜移默化中达到了。

（3）描述细节

在故事中描述细节，可以让事件显得更加逼真，可信度更高。同一个事实，使用不同的文案描述，结果也大不一样。

我们来看下面两种不同的描述：

我们从铁观音故里的深山里采摘新鲜的茶叶，挑选品质最好的产品，然后由专业的茶叶老师一遍又一遍地翻炒烘。

茶文化在1000米高的铁观音故里已经存在了近300年，10年来，茶主做了500克精制茶，做了35000个决定，用了30000秒一天一夜选一个，每半个小时翻一次不间断，炭火烤36小时，烤两次，再文火烤36小时。

哪个文案会让你更动心呢？答案不言而喻。很显然，包含具体细节的描述，比那些抽象、大概的描述，更能打动人心。

写文案也是如此，细节描述才能让我们的文案脱颖而出。比如某自媒体在《45个关于爱与钱的故事》中分享的两个粉丝故事，其中的细节描述很触动人心：

四岁，我爹给我五块，让我去商店买瓶四块五的甲级酱油，剩五毛我买了包麻辣牛肉干。回去被训了一顿，那包牛肉干放到胀气都没有让我吃。五毛钱让我记住什么叫契约精神。

当年"北漂"在昌平租房，退租时被"二房东"以各种各样的理由扣押金，我和男朋友很需要那几百块钱。我靠在门上，不退押金就不让房东离开，撒泼耍赖，最后还是男朋友抱着我让房东走了。出来后，我和他在马路上抱头痛哭。他心疼我，我心疼钱。

（4）直击用户痛点

苹果公司联合创始人乔布斯曾经说过一句话："你是想卖一辈子糖水，还是跟着我们一起改变世界？"成功刺痛了百事可乐的总裁斯卡利，使其决定加入苹果公司。

生活中，汽车耗油、打不着火、半路抛锚等问题，很多车主都遇到过，但是，当问题被临时解决以后，他们往往就把烦恼抛到了九霄云外。如果在文案中唤醒客户的这些烦恼，让他重新感受到痛苦的存在，那么，购买一辆新车也许就会成为解决这些烦恼的最佳方案。

一个顶级塑身衣的广告文案，讲述了一个富足的女士，用尽各种办法，仍然无法解决身材困扰的故事。文案中写道：

> 她 46 岁，失败 10 年，终于掌握了变瘦的秘密。
>
> 你知道吗？脂肪其实会移动。
>
> 如果它在正确的位置，50 岁也能像 20 岁。
>
> 万一它在错误的位置，你的人生就可能像徐太太一样，惨遭接二连三的打击。
>
> 儿子的打击
>
> 有次在参加完儿子的家长会后，
>
> 儿子回家竟然说："妈，我同学都问我，你是不是我外婆。"
>
> 虽然这只是小孩子的玩笑话，却让徐太太非常受伤。

老公的打击

徐太太有次陪老公出席朋友的聚会，饭后大家在讨论要不要加点蛋糕时，老公突然冒了一句："她那个样子不用吃了啦。"徐太太只能尴尬地笑了笑。

闺蜜的打击

老实说，徐太太也知道自己的身材其实没有那么糟，跟同龄的朋友相比，自己算不错的了。

但有次在姐妹的聚会中，一个一直以来颇为肉感的好姐妹，出现时身材竟然比之前瘦了一大圈，整个人容光焕发，尤其是脸上有自信的模样，使她看起来年轻了十几岁，两人一比简直像是母女。

现实中，很多女性有着同样的苦恼，试过各种办法解决身材困扰，但总是失败，家人无心的话语或玩笑话，同龄友人的鲜明对比，令自己深感自卑和痛苦。因为有了感同身受，所以当看到这个故事的时候，很多人都迫不及待地想要知道那个"变瘦的秘密"。而这也正是这个故事所要达到的目的。

做好收尾

宋人严羽在《沧浪诗话》中说："对句好可得，结句好难得。"姜夔也在《白石道人诗说》中说："一篇全在尾句。"这些都说明结尾很难写。当人们兴致勃勃地看完一篇文案，却发现结尾很不好，难免会对整篇文章产生失望的情绪。所以，结尾直接决定了人们的阅读体验，以及接下来他们会采取什么行动。

想写好结尾，我们不妨采用以下几种方法：

（1）首尾呼应

在文章开头提到一次相应内容，结尾时再呼应一次，这样会使读者产生一种闭环的感觉，让文案更显完整。首尾呼应一般有两种写法：一种是直接重复标题或者是文案的开头，这往往有强调的作用；另一种是锦上添花，也就是一点点地埋下伏笔，或者是自问自答，然后在文章最后揭晓。

比如一个文案标题是《2016年最火的国产轿车之一，七八万的价格却有十几万的面子》，开头提出了观点："今天我们要说的是卖得最好的国产轿车之一……"结尾的时候再次强调这个观点："毕竟车无完车，七八万就能买到一部颜值高、空间大、配置高、底子好的车，其他方面也别太苛求了，所以××还是很值得购买的。"文章首尾呼应，形成了一个闭环。

××书店周年庆，儿童馆开幕时发布了一则文案《有梦就是孩子》，其中写道：

> 把捷运当云霄飞车。
>
> 穿上直排轮鞋就是现代哪吒。
>
> 旋转木马是村上春树的心灵马术。
>
> 印章贴纸是高龄婴儿的新胎记。
>
> 对漫画愈老愈不能免疫。
>
> 从格林童话找到对待朋友的新方法。
>
> 芭比是最小的大人，
>
> 老莱子是最老的小孩。
>
> 梦想是不老的保养品，
>
> 有好奇心才能继续长大。

读了如此唯美的文字，人们仿佛重温了童年的美好时光。然后结尾又适时推出活动：

> ××儿童新乐园，没有身高上限，
>
> 给想长大的小孩，不想老的大人，
>
> 10月24日至11月2日入园期间，
>
> 一律9折儿童价。

（2）制造反转

富有戏剧效果的转折结尾，就是在叙述某件事时，靠故事引人入胜，故意把人们引到另一个方向，接着画风突转，提到另一个看似与之前叙述的内容毫不相干的话题，或者在结尾亮出一个出人意料、峰回路转的结局并展示广告。这种反转常常给人一种神奇的荒谬感，增加了故事的感染力和艺术效果，让人在惊艳之余，自然地进行分享传播。

比如《小猪佩奇过大年》的先导片《啥是佩奇》，时长5分40秒，讲述了李玉宝为孙子在全村寻找"佩奇"的故事。故事开头是这样的：临近年关，眼看3岁的小孙子就要回村过年了，李玉宝却遇到了一件让他头疼的事情——小孙子想要一个佩奇。啥是佩奇？他可从来没有听过，更没有见过，于是，他借村里的喇叭问了一圈，得到的答案也是五花八门，有人说佩奇是直播网站的主播，有人拿出了同名的洗洁精，还有人说是棋牌的一种……最后，李玉宝用鼓风机自制了一个"佩奇"。故事有温情、喜剧、笑点、打击，最后却来了一个大大的神转折，这个让人误以为是一部家庭温情喜剧片的短片，结尾突然说：新年，别忘了带家人去看一部名叫《小猪佩奇过大年》的贺岁片。

又如，文案大师威廉·伯恩巴克在宣传某壳虫汽车的一则文案中写道：

> 我，麦克斯韦尔·斯内弗尔，趁清醒时发布以下遗嘱：
>
> 给我那花钱如流水的太太罗丝留下100美元和1本日历；
>
> 我的儿子罗德内和维克多把我的每一枚5分币都花在时髦车和放荡女人身上，我给他们留下50美元的5分币；
>
> 我的生意合伙人朵尔斯的座右铭是"花钱、花钱、花钱"，我什么也"不给、不给、不给"；
>
> 我其他的朋友和亲属从未理解1美元的价值，我留给他们1美元；
>
> 最后是我的侄子哈罗德，他常说"省1分钱等于挣1分钱"，还说"哇，麦克斯韦尔叔叔，买一辆某壳虫肯定很划算"。
>
> 我决定把我1000亿美元财产全部留给他！

这篇文案以一则幽默故事，告诉人们某壳虫汽车的物美价廉，同时勾勒出一个节俭、明智的车主形象。虽然有点剑走偏锋的意味，但也正因为如此，巧妙地把人们的情绪调动起来，然后猝不及防地推出产品，加深了人们对产品的印象，从而达到了良好的广告效果。

这种反转结局式的结尾，需要有一定的文字驾驭能力，对文案内容有深刻的理解，否则就容易被带偏，违背文案的初衷。所以，动笔前首先要清楚文案的主题和表达重点，无论是文案的结构还是内容的设置，都要始终为主题服务，最后在结尾出其不意地点题，给人以强有力的冲击和震撼。

（3）号召行动

以号召行动来结尾，就是对消费者动之以情，要让他们感到文案推荐产品的目的不是为了挣钱，而是要把好东西分享给他们，让他们的生活变得更加美好。简单地说，就是打感情牌，去说服有些犹豫的消费者，让他们尽快行动起来购买产品。

比如一款牛排在号召消费者下单购买时，这样写道：

> 平时掏出 72 元，连半份好一点的牛排都买不到，
>
> 但是今天，你可以买到高品质的牛排，
>
> 3 份！

如果不喜欢，也没什么损失。

但是，如果觉得好吃，就为自己打开了一个全新的味觉世界！

点击下方图片，下单咯！

某品书店开业时，推出了一则文案，标题是《抛开书本到街上去》：

抛开阿莫多娃的高跟鞋到街上去。

抛开村上春树的弹珠游戏到街上去。

抛开徐四金的低音大提琴到街上去。

抛开彼得梅尔的山居岁月到街上去。

街是开放的、没有边界的书；

太阳底下永远都有新鲜事。

请你暂时抛开书本到街上来，

看舞、看人、看街、看音乐表演。

某品书店敦南店新开幕，

有一连串节庆在这里发生，

3月29、30日，音乐、

文化、安和路全民活动，

来一场全天不打烊的文化盛宴，

计时 24 小时，请你及时行乐！

《抛开书本到街上去》，是一部电影的名字，宣传海报是一张写满书法字的被单铺在马路上，人们躺在上面尽情享乐……文案由此得到灵感，号召人们抛开一切到街上去，到书店来，让人预感到，在这条街上，可能即将举办一场盛大的、全民的活动，但究竟是什么呢？答案就在结尾里。再以"计时 24 小时，请你及时行乐"营造一种美好时光短暂易逝的感觉，敦促人们及时行动起来，不要错过精彩。这话听起来就像是对我们发出邀请，向我们提出一项倡议！

（4）总结点题

即总结全文，然后回应题目，点明主题，加深读者印象。这类结尾比较常见，目的也很直接，就是强化消费者对观点的记忆，更清晰直观地冲击消费者的内心。

比如某视频网站的文案《姑娘你需要的不是一个男朋友》，人们在阅读这个故事时，并不清楚是要推广什么还是销售某种产品，直到结尾才了解文案的目的：

我的故事讲完了，希望能对你有所启发。
失恋之后的三十三天，是××视频陪我度过的。

　　和我一样，姑娘啊，很多时候你缺的并不是一个男朋友，而仅仅是一个××视频。

　　男朋友会惹你生气，它只会为你疗伤。男朋友会制造麻烦，它只会解决问题。

　　男朋友会因为一言不合把你丢在陌生的街头，它只会耐心地送你疗伤电影。

　　××视频这么好，那为什么不马上拥有它，就现在？

　　就现在！××视频会员年卡只要88元，而且三人拼团只要68元！

　　点击阅读原文立刻拥有！

　　《失恋三十三天》是一部电影的名字，讲述了女主人公从遭遇失恋到走出心理阴霾的33天。对于失恋的女孩来说，自然会产生共鸣。在失恋的情绪低潮期，还好有××视频陪自己疗伤，所以，××视频，你值得拥有！

　　还有一则公益广告《这是你们在非洲打猎时遗忘的东西》，讲的是非洲肯尼亚的一位小伙子，紧抱着一个小包袱，乘坐飞机来到繁华的欧洲某都市，在茫茫人海中苦苦寻觅，一心要把自己捡到的东西归还给它的主人。功夫不负有心人，他终于找到了失主。年轻夫妇满脸疑惑，非洲小伙子却如释重负，小心翼翼地从小包袱里拿出一样东西，笑呵呵地说："这是你们在非洲打猎时遗忘的东西。"原来，那是被年轻夫妇随手丢弃在非洲大陆的一个空矿泉水塑料瓶。

这则公益广告的结尾就回应了题目，点明了主题，令人印象十分深刻，明白了要尊重大自然，不要在旅途中乱扔杂物，污染环境。

（5）使用金句

所谓金句，就是富有哲理并对人有所助益的句子。有时简简单单的一句名言，就足够概括全文的主旨，也足够有说服力！一般来说，一些网络课程、线上读书等内容付费产品的宣传文案，更适合用金句结尾。

俗话讲：文案不决，句式解决。写金句有几个技巧，一是对句，二是对比，三是对抗。

对句，就是两个句子字数相同，句子中的词性也相同或类似，如果能押韵，有节奏感会更好，这样能让人更容易记住。比如：

某滴：真正喜欢你的人，24 小时都有空；想送你的人，东南地北都顺路。

某肝丸：肝若不好，人生是黑白；肝若顾好，人生是彩色。

电影《后来的我们》：后来的我们，有多少跑赢了时光，有多少弄丢了对方。

做你没做过的事情叫成长，做你不愿意做的事情叫改变，做你不敢做的事情叫突破。

别人的美总能习惯，自己的美千金能换。

对比，就是在句子中有两个相对的字或词语，甚至带有一些矛盾冲突。有个某品牌手表的广告文案便运用了对比法："不在乎天长地久，只在乎曾经拥有。""天长地久"和"曾经拥有"作为对比，在表达手表的功能的同时，也上升到了爱情层面，展示了男人无奈离开女人的心情，使消费者产生情感共鸣。

如果要写一个关于甜点的金句，该怎么写呢？我们都知道，甜点代表着甜蜜、开心，这是正面的感受，那么它的反面是什么呢？苦涩、难过。所以，我们可以将这些正、反面的词语组成一个句子："不管生活有多苦，也要享受这一口甜。"

类似的对比式金句：

人生近看是悲剧，远看是喜剧。

最大的悲剧，不是你遍尝世间苦，而是你开始沉溺甜。

懂得萃取过去，才能创造未来。

踩惯了红地毯，会梦见石板路。

多一些润滑，少一些摩擦。

对抗，就是在句子里加入一点"悲壮"情绪，一般用于人们尝试去对抗强大的、多数的、不可逆的事物，甚至为此牺牲，付出代价。一般会用到"誓死、拼命、宁可、只为了、比不上""全世界、所有人、一辈子、一切"等词语。比如：

××艺术馆：这一生，只想好好做件无用事。

央视春节公益广告《回家篇》：这一生，我们都走在回家的路上。

风雨无悔，只为了换您一个微笑。

就算拥有一切，也比不上有你陪在我身边。

我们拼上了命，只为了遇见更好的自己。

就算全世界与我为敌，我的信仰也不能丢。

金句在文案中的重要作用不言而喻，那么，如何才能在写文案时自如地运用金句呢？这就需要我们平时有意识地搜集金句。在阅读、听歌、看电影时，看到或听到一个金句，都要及时记录下来，并且每周整理一次。如此日积月累，就可以形成自己的素材库。

另外，我们还要想办法激活自己的金句素材库。比如，尝试去理解金句背后的深刻含义，在此基础上进行模仿练习，创作出属于自己的金句。看到戳中人心的金句时，不妨思考一下如果自己要写，会怎么写。看到名言的时候，试着用自己的话复述一下，或者结合自己现有的需要进行修改。只有反复练习，动笔去写，才能对金句运用自如。

第三章　找到突破口

站在用户的立场找卖点

从消费者的角度来说，有些卖点虽然大家都有，是业内常识，但消费者并不知道，他们不是行内人，并不了解这个行业，对我们的产品可能一无所知。他们之所以购买，可能只是在购物平台碰巧看到、顺手买了，甚至只是因为品牌名、产品造型看起来比较顺眼而已。

所以，我们在写文案时，必须"像外行一样思考，像内行一样执行"，站在消费者的视角来看待产品。

在广告传播中有一个经典的例子：某咖啡品牌在 20 世纪 40 年代推出第一代速溶咖啡时，广告语是"让你在繁忙的早晨，也能快速简单地喝到咖啡。"然而，这次推广却失败了。

经过一番调研后，该公司对咖啡口味进行了多次改良，但销量还是不尽人意。

后来又经过多次交流和沟通，该公司终于找到了真正的原因。速溶咖啡的目标消费者——家庭主妇们表示："我们对口味并不介意。""如果咖啡这么容易就能上桌，我们担心会被认为是懒惰的家庭主妇。"

于是，该公司马上将广告改为"给懂得品位又能把握时间的'聪明'主妇的咖啡。"广告出来后，其速溶咖啡销量大涨。

由此可见，只要我们选择的卖点能够提供一个选择的理由，帮助消费者做出决策，那就成功了。

广告大师克劳德·霍普金斯曾经为一家企业的产品做宣传，他只是拍下了工厂里的透明玻璃房和净化产品的所有设备，并把它们印了出来。因为这些先进、严格的生产工艺，就是最好的活广告。结果，他的策略成功了，该企业的产品在几个月内销量就从第五名上升到了第一名。

这件事也给了我们一些启示：很多简单的事实，是行业内的生产商所熟悉的，但正是因为他们太熟悉了，所以忘了把这些告诉消费者。实际上，生产商觉得司空见惯的东西，可能会让消费者耳目一新。生产商觉是老生常谈的东西，可能就是触动消费者下单的关键因素。孰不知这些他们熟知的东西，可以让他们的产品在业内遥遥领先，拥有独一无二的优势。

所以，写文案一定要转换思维，站在消费者的立场来看待问题。即使是大家都有的卖点，甚至不如其他产品的地方，只要能打动消费者，就可以放心大胆地写出来。

比如有款汽车属于小型车，在文案中却巧妙地化劣势为优势，说如果车子在大雪里陷住了，也比较容易推，让人看了不由得会心一笑。这就是把汽车的"小"在某些特殊情境下转化为自身的优势，让消费者对它刮目相看。

我们再来看一则汽车宣传文案：

> 计算入微，是为了感受到更大
>
> 我们深入体察你在车中的一举一动，
>
> 把宝贵的空间，
>
> 毫无保留地用在决定舒适度的关键环节，
>
> 而不是"大而无当"。
>
> 高车身使我们能够抬升前排座椅，
>
> 为您的双腿争取到充足的舒展空间；
>
> 上下车也要更从容，
>
> 无论是孕妇，
>
> 还是身穿紧身裙的动感女士，
>
> 再没有"钻进钻出"的尴尬。
>
> 车内每个乘客的感受，
>
> 我们都考虑到。

22370 毫米的长轴距，

使前后排座椅间距达到 844 毫米，

足够后排的大个子舒展身体，

后排座椅略高于前排，

让小孩子也能欣赏到一路的风景，

而不是你的后脑勺。

文案中提到了孕妇、身穿紧身裙的时尚女士、大个子、小孩子，正是为了告诉人们，"车内每个乘客的感受，我们都考虑到"，这样用心的汽车，谁不喜欢呢?

提炼产品的核心卖点

很多时候，寻找产品卖点最大的困难不是找不到强有力的卖点，而是卖点太多。商家总是希望在宣传时告诉消费者所有的卖点：技术领先、性能一流、颜值出众、品质可靠、性价比超高……既要，又要，一个都不能少。

比如电梯里的这个汽车贷款广告：

快：到账最快 2 小时

活：贷款周期 1~12 个月

低：月息最低 1.8%

多：先息后本，等额本息

当你走出电梯，接了一个电话后，还能记得刚才电梯里的广告讲了哪些卖点吗？

所以，如果一个产品说它"包治百病"，人们肯定是不信的。

如果一条带货短视频，30秒时间说了七八个卖点，人们肯定一个也记不住。

我们在电视、地铁、报纸上看到的品牌广告，基本只有一两句话，只讲一两个卖点。比如：

> 逆光也清晰，照亮你的美。——某手机
>
> 某维豆奶，欢乐开怀。——某维豆奶
>
> 运动就在家门口。——某某奥林匹克花园
>
> 给您一个五星级的家。——某桂园
>
> 原来生活可以更美的。——某的
>
> 促进健康为全家。——某肤佳
>
> 用我们的钓线，你可以在鱼儿发现你之前先找到它。
>
> ——某翰逊的钓具
>
> 运动之美，世界共享。——某宁

这些文案，卖点单一且精准，诉求到位，使它们更能走进用户的内心。因为只有从众多的产品卖点中提炼出一两个核心卖点，并且不断进行强化，才能真正提高用户的认知。

所以，我们要做的是找到所有卖点中最有价值的那一个，这

一个不一定是产品本身的卖点，也可能是与竞品相比最具差异化和竞争力的卖点。比如，某款纯净水，宣传自己有"27层净化"，表明自身对产品质量的严格要求，给消费者一种"很纯净，值得信赖"的印象，从而在众多纯净水中脱颖而出。实际上，这个"27层净化"并非其他品牌达不到的工艺，市场上销售的纯净水几乎都要经过一样的净化工序，甚至不止27层，但是从来没有哪个产品提到过这一点。

需要注意的是如果产品卖点太多，会让用户眼花缭乱，这样反而会没了卖点，甚至还会给人留下负面的品牌印象。

有一款桃木梳为了提高销量，在宣传文案中介绍了桃木梳的好处：每天用桃木梳梳头发，既能按摩头部皮肤，促进头部血液流通，修复发质，又能预防脑血管疾病和老年痴呆症。然而，当用户使用之后，发现根本没有这种宣传效果，感觉自己受到了欺骗，进而觉得这家生产桃木梳的公司不可信任。一旦用户有了这种想法，他以后不但不会再购买这家公司的产品，而且还会将自己的产品体验结果告诉亲戚朋友。最终，该产品公司失去的不是一位用户，而是一群用户。

由此可见，文案创作是一门技术活。创作者在撰写文案的过程中对产品的宣传需要把握好一个度，以尽量使用户的需求与产品的实际效果相契合。

那么，到底该如何提炼产品的核心卖点呢？有三个原则：

一是容易证明。卖点越容易证明，就越容易取得消费者的信任。

二是优先选择与消费者相关，能解决痛点，给消费者带来好处的卖点。

某孚电池曾经推出一款迷你充电宝，核心卖点是小巧轻便，电量够用。文案是这样写的：

小巧便携，轻如无物

为小而生，出门常备

小如口红

9.2cm 媲美口红的小巧

不止于小

尽管专注小巧

但我还有 2500 毫安

且肯定能将你的手机从电量报警

轻松充满

充满一次够用一天

真机实测　报告为证

福建省产品质量检验研究院

（我国最早组建的省级质检院，在检测方面的总体规模和综合实力居全国前列）

检测表明：迷你充电宝能把手机从 5% 的电量充到 100%

为了让消费者对充电宝的大小有一个直观感受，文案用口红作为参照物，使人一下子就能想象出产品的全貌。但是，这么小的充电宝，电量够用吗？该企业又找专业机构出了份检测报告，证明这个迷你充电宝足够日常充电之用。如此一来，消费者的核心需求都得到了满足，顾虑也就不复存在了。

三是考虑选择产品独有的优势卖点。

比如一款手工皂，核心卖点是泡沫丰富细腻，洗脸特别干净。为了能很好告诉消费者这一点，文案这样写道：

这块珍珠皂的泡沫，像鲜奶油一样绵密细腻有弹性，拿起泡网轻轻一搓，手上立刻就是满满一大坨，软弹厚实的程度都可以拿来凹造型了。

这些泡沫直径细小到只有 0.001 毫米，要知道，人体的毛孔直径是 0.02~0.05 毫米。所以它能渗入到毛孔里，把油腻的脏东西完全带走，同时美白保湿成分又能充分作用在肌肤上。

文案中把泡沫比喻为奶油，还配以动图进行说明，看到那些绵密细腻的泡沫，消费者马上就动心了，也相信了它的清洁能力。

值得注意的是，在提炼产品核心卖点时，撰写出的文案要让消费者一看就懂。罗列一堆专业名词并不会显得产品更高大上，反而会让消费者一头雾水，不知所云。乔布斯宣传苹果新品 iPod 时说"把一千首歌放进口袋"，大疆无人机的宣传文案是"会飞的照相机"，无须过多解释，这样的文案马上就能让人明白产品的核心价值。

在细节中寻找卖点

产品之所以有良好的"用户体验",大多来自一些微小的细节。这也是为什么在某些产品发布会上,主持人会花大量的时间,不厌其烦地介绍一些看起来微不足道的功能的原因。

比如在某手机产品的发布会上,主持人花了几分钟时间,向在场观众演示了一个"积木游戏"。那么,主持人是想要介绍这个游戏吗?当然不是,他只是通过这个小游戏,详细地介绍手机中"陀螺仪"的强大功能。

下面这篇汽车文案,也选择了产品上一个很细小的点去切入:

大空间,全局服从个人。

车内空间,不能用数字来计算,

需要用身体来测量。

无论驾驶者还是乘客，从头到脚，

我们让你感到的，

只有大方，而无局促。

你可以用不到，我们不能想不到。

我们的车高为 1.51 米，

比一般车型高出 10 厘米，

但我们不用"不会撞头"的承诺

来吸引你的注意——

因为一辆好车，

不能让任何人产生"屈就"的感觉。

也许你永远都留意不到头顶上这 10 厘米，

但它会让你真切地体验到

驾驶视野的开阔和驾乘心情的舒畅。

这款汽车"比一般车型高出 10 厘米"，这个细节，如果文案不加以说明，可能很多人都注意不到，而这 10 厘米，正表现了这款汽车客户至上的理念。

在房地产宣传中，很多楼盘的广告写得非常空洞，以致无法真正打动消费者，所以也就很难把房子销售出去。比如：针对大众人群的刚需楼盘，卖"幸福生活"；针对中产的改善型楼盘，卖"生活美学""美好人生"；针对高净值人群的豪宅盘，卖"思想境界""家族传承"。这些卖点都是很虚的。

而真正的产品卖点应该是要深挖产品细节,讲述具体的功能、利益。一家高端地产品牌曾经发布了一系列经典的平面广告,其中就是深挖细节。

《5辆专列悄悄进京……》,讲述该地产公司开发的一个楼盘用的景观石都是从几千里外运来的黄蜡石:

> 它们原本在3000多里以外,自然灵性,温润如玉。一旦淋了水,就散射出流动的光彩。它们很重,也很大,最大的一块重达27吨,2004年6月,5辆专列悄悄进京……
>
> 在北京××湾的一期园林中,共动用了5000吨黄蜡石,这才只是个开始。在放入园林景观里时,它们重大的身躯经历了多次的移位,吊装,调整,再吊装,再调整的过程……直到满意为止。虽然这些黄蜡石在整个园林里只占了很小的比重,但对完美园林的不懈以求,一如艺术家对待他的作品。而这,正是开发全成品豪宅必须具备的态度。

《一夜之间,北京的井盖全消失了》,讲述了比常规道路降噪80%用特殊工艺铺就的路面:

> 消失了,什么都没有了,那些与井盖相关的记忆全失去

了，没有人再感怀失去井盖以后那吞噬人的骇人的洞口了。清静的夜晚，也再听不到汽车压井盖时发出的难听巨响了。

井盖全消失了，之前谁都知道井盖话题是一个社会问题。拥有尖端太空技术的人类，无法处理城市井盖管线体系的头疼问题吗？井盖只能大量盘踞在道路中央吗？大家都认为路中间有很多突起的青春痘好看吗？

井盖消失了，它们真的消失了，在北京××湾的小区路面上铺就了能够比常规道路降噪80%的特殊材料。井盖消失了，出于一套复杂的技术支持，出于一个朴素单纯的愿望，"走在路上，谁愿意人和车总是有忧患意识呢？"

还有《边界问题，全靠鹅卵石解决》，讲述了用8000多吨鹅卵石打造立体园林；《两年前，有人把巨款悄悄埋入地下》，讲述了一套国际级地下市政管网排污系统，先于建筑两年就植入地下；一套散水固土系统，先于园林种植前两年植入地下。

实际上，最能体现高端住宅的不是大面积大户型，不是金碧辉煌的建筑外立面，而是细节。高端主要体现在讲究，不管多小的细节都要花心思去做。真正的奢侈，就是在无关紧要的地方不惜代价地去做。

看了上面的那些细节，人们会发自内心地相信，这个楼盘是真的高端。

把产品功能转化为消费利益

人们看产品介绍的时候，只想知道它对自己有什么好处，比如"××牙膏，帮你缓解口腔问题""××新一代中央空调，用电省一半"，都是很直接表明消费者可以从中得到的利益。

所以，产品卖点的提炼，一定要考虑消费者的利益和感受，不能只讲功能。而那些只关注产品，不关心消费者想要什么、想听什么的，都是在自说自话，自己感动自己。

要想把产品功能转化为消费者的利益，就要从用户场景出发。当人们处在某个场景当中，就更容易注意与当下场景有关的信息。

比如一个网上订餐平台，在大学考试临近，学生们都忙着复习备考的时候，发布了一款宣传海报，文案为：

啃一口书本，咬一口鸡腿

高效补脑，吃饱再考

不管平时用不用功学习，临近考试学生们为了考取好成绩或避免挂科，都不免要临时抱佛脚，开始废寝忘食地复习功课。在紧张的复习中，连去食堂吃饭都成了奢侈之举，但是人是铁，饭是钢，不吃饭就会影响复习的效率。"要是有人能送饭上门就好了！"该网上订餐平台适时响应学生们的心声，着眼于他们的需求，用"高效补脑，吃饱再考"进行宣传，既解决了学生们的燃眉之急，又通过文案的趣味性让学生们会心一笑，无形中缓解了学生们紧张的学习压力。

2017年儿童节，某品牌汽车上线了一则广告：看过世界的孩子更强大。文案是这样写的：

他不怕黑

是因为你曾在漆黑的夜里带他看过最亮的星

他更有主见

是因为你带他发现过的世界比课堂大得多

他比同龄人更爱问为什么

是因为你早就为他打开了好奇的大门

未来的他勇敢无畏

抵得住风雨的侵袭，探索世界的边界

未来的他心里住着远方

冲出山湖海的栅栏，领略万物生灵的神奇

未来的他，好奇心不灭

对未知的一切保有热忱，直到寻到答案

因为

现在的他正随你踏上旅程

看最美好的世界

看过世界的孩子更强大

"看过世界的孩子更强大"，这个品牌主张，直击为人父母的心。它融入了一种家庭教育理念，提出了一种人生观和价值观。父母总是希望给予孩子更好的成长环境，买房，要买学区房；买车，也要买一辆能够带着孩子了解世界、开拓眼界的车。他们不仅追求高品质的城市生活和出行体验，更希望能够踏上一段说走就走的旅行，带孩子去见识更大的世界，而不是空谈什么自由、远方……

同样的一台车，一样的功能，在进行产品卖点宣传时，针对不同的目标群体和使用场景，侧重点也不同。比如：

越野性能 + 长途自驾游 = 开阔视野和胸怀，享受自驾体验；

越野性能 + 周末郊区溜娃 = 给孩子探索、亲近大自然的机会。

某高铁快捷酒店曾经发布过一篇"××市旅游住宿奇遇"的文案，吸引了大量网络用户，使得酒店客房经常爆满。其文案如下：

今天你来到了××市。

如果你是一个爱睡懒觉的人，××高铁快捷酒店就是你的首选，它与火车站间的距离只有不到50米。

如果你是一个精打细算的人，××高铁快捷酒店就是你的首选，它的价格只有88元。

如果你是一个爱好干净的人，××高铁快捷酒店就是你的首选，它的房间一尘不染。

如果你是一个爱好网络的人，××高铁快捷酒店就是你的首选，它的房间里有免费宽带。

最后，如果你是第一次听到××高铁快捷酒店的名字，请不要吝啬你的流量，立刻拿起你的手机，

在网络上搜索"58元宾馆"，会有不一样的惊喜等着你！

　　文案将酒店的卖点及其所能满足的用户需求一一列举出来，使消费者清楚明了地看到自己可以被满足的消费利益，大大减少了其思考选择的时间，从而使其下单的概率变大了。

　　所以，文案的创作者要在满足消费者需求的基础上提炼产品卖点，力求一句话说清产品有什么用处，对消费者有什么好处，以帮助消费者快速做出选择。

撬动用户的认知

人们对于新的概念总是有着浓厚的兴趣，对于新兴的事物也都乐于尝试和体验。当我们无法改变产品属性时，不妨在用户认知上对症下药，让消费者做出改变。

比如苹果公司，在智能手机尚未普及的年代，推出了一种全新概念的手机，颠覆了人们以往对于手机的认知，将一种超越时代的认知模式赋予了消费者。

2007年手机行业的老大还是诺基亚，但正是在这一年，未来手机行业的巨头——苹果公司，发布了第一款iPhone。乔布斯在发布会上这样介绍说：

在1984年，Mac的发布，改变了计算机行业；

2001年，第一代iPod的问世，改变了人们听音乐的方式，同时改变了整个音乐行业。

今天，苹果公司又将为大家带来一款足以改变某个行业的产品。

在介绍这款产品前，首先允许我介绍三款产品：

一款是触屏式 iPod，一款是革命性的手机，最后一款是划时代的互联网浏览器。

你们想同时拥有这三款产品吗？

那么恭喜你，今天，你只要拥有一款 iPhone，你就可以拥有这三款产品，拥有一款足以彻底改变手机产业的手机！

乔布斯使用手指操控手机，并且自由放大、缩小屏幕的操作方法，打破了以往人们使用手机时需要用数字键盘或字母键盘的认知模式，让人们感受到了科技的神奇。当时就算是触屏手机，也还需要借助触屏笔来操作。而放大、缩小这种功能，更是需要单独按键才能实现。至此，乔布斯的苹果时代宣告来临：iPhone=iPod＋电话＋上网设备。这个认知模式很快袭卷了世界，颠覆了整个手机行业，并且得到了人们的极大认可。

很多时候，新产品推广时会面临一个困境：用户已经有了品牌偏好，或者已经养成了某种固定行为，这时要想说服用户尝新，就像要叫醒一个装睡的人，难度极大。

就像现在的智能家电——拖地机器人、扫拖一体机器人，很多人还心存疑虑：购买这些产品到底是不是"智商税"？日常打扫家里其实也不费多少时间，真正能够解放双手的机器人屈指可数，比如常见的拖地功能，需要手动补水、洗拖布，有些卫生死角还是需要人去清理。

当消费者的"负面认知"阻碍其购买产品时，在宣传时就需要提供一个合理化的理由来减少阻力。比如某品牌扫地机器人，就从为家人送上一份实际的关爱入手，在母亲节发布了一款海报：

> 妈妈，我要辞退你
>
> 是机器，更是家人
>
> 一辈子你围着我转
>
> 这一次换我围着你转

文案的角度选得十分巧妙，"妈妈一辈子心甘情愿围着你转"，是自古以来就深入人心的一种认知；某品牌扫地机器人，把"围着你转"的概念成功嫁接，将产品和情感联系起来，使关爱家人的正能量得到传播。看到这样的文案，当人们给父母购买礼物时，是不是又多了一个灵感：妈妈操劳一生，买一个扫地机器人或者洗碗机，让妈妈偷偷懒吧。

纸尿裤刚出现的时候，因为给妈妈们营造了一个"懒得洗尿布"的负面形象，所以人们对它的接受程度并不高。这时，某品牌纸尿裤从"纸尿裤整夜保持干爽，能让宝宝整夜安睡，睡得好大脑发育才好"的角度进行宣传，成功让妈妈们掏钱购买。

在改变用户的"负面认知"上，二手书交易平台"某抓鱼"做得很成功。大部分二手书交易平台的口号是"花少钱，买好书"，有一种在二手旧书摊上捡便宜的感觉；但"某抓鱼"却打出了这样的广告语："真正的好东西值得被买上两次"，于是，用户会觉得自己在"某抓鱼"上买书、卖书，不是为了捡便宜，而是在共享价值。这种自我认知，叠加上产品的低价，使"某抓鱼"吸引了更多的读书人，做出了二手书的增量市场。

还有一款汽车，在人们追求大房子、大车子的环境下，首先找到阻碍用户行动的固有认知：这款汽车外形小、丑、土，然后引入新的认知：它比任何好看的车都保值。如此一来，两种认知就形成了冲突：怎么可能呢？如果它真的很差，那它就不可能很保值；如果它很保值，说明欣赏它的人很多，那它肯定也不丑。于是，人们开始重新思考。这时，文案又告诉用户：它不仅价格低，而且省钱、耐用，所以非常保值。通过这些证据来赢取信任，重新塑造用户的认知。

有的时候，如果产品需要的认知和行为太复杂，让人感觉做起来很难，那么人们就会抗拒这种产品。我们经常说，要将用户看成非常懒惰的人，主动降低行为门槛。

比如一家古典音乐电台发现，很多人因为害怕听不懂古典音乐，所以干脆不听。于是，音乐电台写了一篇文案：

> 不要害怕听不懂，其实古典音乐就是曾经的流行音乐。
>
> 神童莫扎特就是曾经的新新人类，写命运抗争的贝多芬就是 17 世纪的罗大佑。
>
> 今天的流行，就是明天的古典。

看了这个文案，你是不是觉得原来古典音乐也不过如此，平常心对待就好了，完全不用给自己设置"门槛"，就像听流行音乐一样，也不用非要了解词曲作者、了解乐理知识。只管"听"好了，怎么欣赏都可以，难道我们一定要知道每一种花的名字，才会被一座花园的美感动到吗？

第四章 增加信任度

善用从众心理

人作为群体中的一员，其行为往往会受到他人的影响，有时甚至还会根据他人反应来做出反应。曾经有一个非常有趣的从众心理研究，在一个诊所里，除了一个穿紫色衣服的年轻女子，其他人按照事先安排，在听到滴声时就会站起来。重复几次之后，紫衣女子在听到滴声后也站了起来。等研究结束这群人走了，紫衣女子听到滴声还是会站起来。因为她觉得自己不随大流的时候被排挤了，随大流会让她感觉更舒服。

由此可见，当个体受到群体的影响时，会怀疑、改变自己的观点、判断和行为等，以便与他人保持一致。消费行为也是如此，当消费者对产品信息知之甚少的时候，为了得到准确的信息，往往会选择从众。而这种从众行为的前提，是消费者对所随从的众人产生了信任。

从众心理还有一种减少损失的自我暗示。如果不随大流，人们会觉得自己将失去什么。许多畅销书的封面文案就利用了人们的从众心理。比如世界著名儿童文学短篇小说《小王子》的封面文案，以大字号显示"全球销量超过 2 亿册"。看到读者群体这么庞大，你不经意间就感受到了无形的压力：全世界的人都在看这本书，自己再不读就要落伍了。还有在购物的时候，人们会觉得销量排名越靠前的产品，性价比也越高。

除了这种以具体数据营造出的群体影响外，有些文案也会选择相对含蓄的表达方式来影响消费者。比如百事可乐的宣传文案"年轻一代的选择"，言外之意是：新一代的年轻人都在喝百事可乐，你不喝，你就落伍了。同样达到了引导消费者从众心理的目的。

在利用人们的从众心理时，有两种思路，一种是从数据上体现产品畅销，让消费者产生信任。比如：

某多多：3 亿人都在用的某多多！

某品会：注册会员突破 1 亿。

某山视频：1 亿人在玩。

另一种是利用消费者对"联合性群体"的信任感，使其产生从众行为。

比如某付宝，没有自夸有多方便、多好用，而是请来从事不同行业的用户，让他们讲述自己使用某付宝的故事：

> 某付宝上有一个"垃圾分类"指南
> 我一个老头子用三天就成了小区风云人物
> 龙虾壳儿瓜子儿皮剩菜剩饭我分得清清楚楚
> ——退休人员老张

> 当了妈心里只想宝宝好
> 每次给娃打疫苗都要打开某付宝
> 用"疫苗快查"反复确认好几遍
> ——插画师小张

> 学艺十年北漂五年
> 某付宝里的"花呗"是我最铁的哥们儿
> 陪我熬过最苦最穷的日子
> ——发型师小杨

我们在网上购买东西，常常会看看用户评价、测评文章，如果发现好评如潮，并且说法真实可信，下单的可能性就很大。某付宝在宣传时让用户为品牌宣传，从用户的角度来讲述品牌故事。

借助顾客证言，让不同身份的人都有了代入感，还增加了对某付宝的信任感。

同样，当我们推广一款洗衣液时，如果消费者得知朋友在用、同事在用、身边的妈妈们也在用，可能会因此产生身份关联，从而产生信任。

有一家开了20多年的葱油烧饼小店，老板想要在网上进行售卖，他决定抓住历史久、老顾客多这两点来进行宣传。文案是这样写的：

> 老赵的饼店被称为"鼓楼一绝"，开店近20年，已成为当地必吃老店，不少人一家三代都吃他们家的烧饼。
>
> 住在隔壁小区的小林今年32岁，从初中起就光顾老赵的饼店，这一吃就吃了18年。结婚后，她负责家里的烹饪大业。婆婆很挑食，经常抱怨她炒的菜不合胃口，唯独对她带回家的烧饼赞不绝口。如今，她5岁的儿子也成了饼店的新顾客。
>
> 王先生回忆，他高中时每周五傍晚放学固定光顾饼店，如今已在外地生活，还经常让朋友给带。现在，春节回家，他总会买回一大袋，从初一吃到十五，要过足嘴瘾！
>
> 像这样的老顾客数不胜数，老赵的儿子特意做过统计，有200多名顾客每两周至少购买一次，十分稳定，他们最常说的评价："很香，隔一段时间就会很想吃！"

　　文案描述了不同的消费者群体，有一家三代都爱吃，已经吃了 18 年之久的；有高中就开始吃，去外地工作生活后还让朋友带的；还有 200 多个每两周至少会购买一次的回头客，这就让人们不禁产生了好奇：这饼真的有那么好吃吗？我也买来尝尝看。

　　由此可见，利用人们的从众心理，明示或暗示产品十分畅销，受人欢迎，可以增加消费者对产品的信任度，进而促成消费。

运用事实与实际数据

广告大师大卫·奥格威在《一个广告人的自白》中说道："消费者不是低能儿，她们是你的妻女。若是你以为一句简单的口号和几个枯燥的形容词，就能够诱使她们买你的东西，那你就太低估她们的智商了。她们需要你给她们提供全部信息。事实上，为推销产品提供的信息越多，推销出去的产品也就越多。"

对于一些产品，写文案时要用实际数据来说明问题，当我们想要陈述一个观点的时候，如果有数据支持，会让这个观点更加明确具体，可信度也将大大提高。

"××奶茶，一年卖出 3 亿杯，杯子连起来可绕地球一圈。"这个耳熟能详的广告语就用数据说明了产品十分畅销。"千年传承，12 道纯手工工序，48 天晾晒"的某平柿饼；某邦酱油"晒足 180 天"等，则是通过数据来说明产品的品质可靠。

当我们在文案中推荐产品时，如果只是笼统地用"非常好用，价格便宜"等字眼，很难给消费者留下深刻的印象。而且消费者可能还会怀疑我们夸大事实，没有如实反映商品的情况。

无论何时，摆事实列数据，是赢得别人信任比较有效的办法。比如某葡萄酒的广告文案《三毫米的旅程，一颗好葡萄要走十年》：

三毫米，

瓶壁外面到里面的距离，一颗葡萄到一瓶好酒之间的距离。

不是每颗葡萄，

都有资格踏上这三毫米的旅程。

它必是葡萄园中的贵族；

占据区区几平方千米的沙砾土地；

坡地的方位像为它精心计量过，

刚好能迎上远道而来的季风。

它小时候，没遇到过一场霜冻和冷雨；

旺盛的青春期，碰上十几年最好的太阳；

临近成熟，没有雨水冲淡它酝酿已久的糖分；

甚至山雀也从未打过它的主意。

摘了三十五年葡萄的老工人，

耐心地等到糖分和酸度完全平衡的一刻才把它摘下；

酒庄里最德高望重的酿酒师，

每个环节都要亲手控制，小心翼翼。

而现在，一切光环都被隔绝在外。

黑暗、潮湿的地窖里，葡萄要完成最后三毫米的推进。

天堂并非遥不可及，再走

十年而已。

一般来说，葡萄酒厂商做广告一般会经常宣称自己是精品酿制，百年传承，以此获取消费者的信任。因为人们对葡萄酒最看重的是其制造工艺，那么，如何才能体现出制造工艺精良呢？当然是制造时间越长越好。这家葡萄酒厂商借用这一点成功突显出自身的价值，人们在阅读文案的过程中不知不觉地被说服，对产品产生信任感。

需要注意的是，在文案中展示事实时，必须要细节化、具体化，把产品从原料到成品的过程场景化。同时还要告诉消费者，生产商之所以如此费尽心机，是为了让消费者获得最佳体验。

比如某莱汽车的一篇文案：

某莱，

快并快乐着。

> 0.000001 级精密，0 间隙工艺，
>
> 精密高级的材料，精细的加工，
>
> 精准的接隙工艺，
>
> 并通过激光焊接和自穿铆接等工艺，
>
> 实现"零间隙"的最高品质要求。
>
> 完美的间隙匹配，
>
> 使得某莱如同一个铸件，
>
> 简洁和谐浑然一体，
>
> 确保动力的充分发挥，
>
> 运动的乐趣天然呈现。
>
> 某莱，快并快乐着

文案中的"0.000001 级精密，0 间隙工艺"，以精确的数据，强调了某莱汽车的精湛工艺，以及精益求精的精神，目的就是为了消除消费者担心车辆质量不好的顾虑。

用事实证明，还有一个表现方式就是"极端测试"，也就是把测试的过程展示给消费者。

比如一款实木地板的极端测试就是一个经典的例子。在测试中，商家让重达近 2 吨的运动型多用途汽车，直接从斜放着的实木地板上碾压过去，结果，地板毫发无损，既没有被折断，也没有出现磨痕。

文案要做的就是描述产品事实。眼见为实，当消费者目睹产品经过极端测试后依然完好无损，就会对产品产生信任。

有的时候，我们还可以采取逆向思维，用不符合常理的数据来吸引消费者的眼球，再以一种另类的真诚来赢得消费者的信赖。在这方面，最典型的是某汽车公司的一个宣传片，片中的每一个镜头都有一个醒目的广告标题：

第一个镜头里，演员说："××房车被评为汽车大王。"随后，屏幕上方出现了一行醒目的大字："他在说谎！"

第二个镜头里，演员说："××房车最高速度突破每小时300英里。"字幕上方又出现了相同的一行大字："他在说谎！"

第三个镜头里，演员说："××房车只需9美元，低价甩卖。"屏幕里的大字依旧挂在上方："他在说谎！"

第四个镜头里，演员说："明天你来看××房车，就可以获赠一栋房子。"屏幕里再次显现相同的大字："他在说谎！"

最后一个镜头里，演员说："我从来不会说谎。"屏幕里的大字仍然没有消失："他在说谎！"

宣传片以5个自相矛盾的数字式标题，用夸张、荒谬的数据来说明产品的优点，给消费者带来了强烈的信息刺激，然后再以"他在说谎"进行自嘲，将幽默融于文案之中，迎合了人们普遍排斥夸张式宣传的想法，并且获得了人们的认可。该公司的房车因此一炮而红，销量大增。

如果产品确实没有什么权威信息可以展示，也可以把消费者已经知道且公认的事实作为信任证明。比如某矿泉水的广告：

> 我们不生产水，我们只是大自然的搬运工
>
> 从不在水中添加人工矿物质
>
> 从不添加任何添加剂
>
> 从不使用城市自来水

这个文案虽然没有用权威信息来证明其可信度，但大部分人依然相信该广告所说的信息。因为在人们的认知里，从深山里搬运的水确实含有很多矿物质，水也应该会有点甜，这就是所谓的用魔法来打败魔法——利用消费者的认知来打败消费者。

利用权威的号召力

有时候，消费者迟迟不下单购买，可能是因为心里还存有疑虑，尤其是面对那些陌生的产品时，他们会怀疑这个产品真的有那么好吗？自己会不会被骗了？遇到这种情况，如果能利用消费者的"崇拜对象"的购买经历，便能赢得其信任感，从而产生购买行为。

这是一份很好的书单。

这份书单是 9 位国内知名作家、评论家、教育家送给全国小朋友们的礼物。

路遥的小说《人生》写得特别好。

马云在 18 岁高考落榜后外出打工，有幸读了路遥的小说《人生》，被主人公锲而不舍参加高考的精神所打动，后来再次参加了高考。

上面两组文字，当人们看到第一句，通常会表示怀疑？但读到第二句，人们就开始相信。

这是因为，权威有一种天然的让人自愿服从的能力，让权威为产品背书，往往能快速赢得消费者的信任。

比如某品牌的钢笔，有很多重要人物用它签署了改变时代，影响整个世界的文件，并且多次被作为"国礼"馈赠给国际首脑和运动健将。这就是一种无声而有力的宣传。

用明星为产品代言，也是权威证明的一种常用方式，因为语言会因为说话者的身份而被赋予价值。

比如一款美妆产品，××明星在用；一种果汁排毒法，多个维密超模都是其忠实粉丝，那么消费者就会很容易对产品产生信任。

比如××快车，请来了明星代言，甚至上车后还有提醒乘客"系好安全带"的明星语音。

某运动鞋品牌也曾经别出心裁地与资深音乐人，推出了"致匠心"文案：

人生很多事急不得，你得等它自己熟，

我二十岁出头入行，三十年写了不到三百首歌，当然算是量少的。

我想一个人有多少天分，跟出什么样的作品，并无太大的关联。

天分我还是有的，我有能耐住性子的天分。

人不能孤独地活着，之所以有作品，是为了沟通，

透过作品去告诉人家：心里的想法、眼中看到世界的样子、所在意的、所珍惜的。

所以，作品就是自己，

所有精工制作的物件，最珍贵、最不能替代的，就只有一个字——"人"。

人有情怀、有信念、有态度。

所以，没有理所当然，就是要在各种变数可能之中，仍然做到最好。

世界在嘈杂，匠人的内心绝对必须是安静、安定的。

面对大自然赠予的素材，我得先成就它，它才有可能成就我。

我知道，手艺人往往意味着固执、缓慢、少量、劳作。

但是这些背后所隐含的是，专注、技艺，以及对完美的追求。

所以，我们宁愿这样，也必须这样，也一直这样。

为什么，我们要保留我们最珍贵的，最引以为傲的。

一辈子，总是还得让一些善意、执念推着往前，

我们因此能愿意去听从内心的安排。

专注做点东西，至少能对得起光阴岁月。

其他的就留给时间去说吧。

在这个长达 12 分钟的视频中，随着旁白而出现的画面中，显示了该运动品牌的资深工匠为了保证品质，极具匠心地进行精细化手工制作。借助资深音乐人的名气与口碑，该运动品牌通过共鸣的形式宣传跑鞋，让人们体会到如此精益求精是为了让消费者的双脚更舒适，从而增加对品牌的认同感和信任感。

一些相对专业的产品，如果能找到行业专家，利用专家形象给品牌宣传，会显得更加权威。比如，专家通过实验告诉人们，××香皂为什么能十倍抑菌；牙医经过专业的解释，告诉人们××牙膏为什么抗敏感。

在很多人的印象中，舒肤佳的广告总会有一位身穿白大褂的医学专家，在孩子玩耍时出现，讲解孩子手上的细菌对身体健康的威胁和伤害：

沙门氏菌，大肠杆菌，金黄色葡萄球菌，链球菌，空肠弯曲菌

五大细菌触手可及，威胁孩子成长

好在保护也触手可及

经实验证明，用舒肤佳洗手，就能去除 99% 的细菌

洗掉五大细菌，守护孩子成长

有舒肤佳

除了明星效应、专家代言，还有可以利用一些权威奖项、行业认证来给产品宣传。比如：

今年我们的产品正式获得了 ×× 有机认证。在此之前，我们已经拿下了欧盟有机认证和中国有机认证。

消费者看到这样的文案，会感觉产品含金量很高，品质过硬、有保障，在购买时心里也就会踏实很多。

提升品牌的影响力

消费者在很多场景下都深受品牌的影响，喜欢大品牌、知名度高的产品。消费者的信任度和认可度越高，品牌的公信力就越强；消费者的信任度和认可度越低，品牌所付出的营销成本也就越高。

那么，除了优秀的产品或服务之外，如何通过文案来提升品牌的影响力呢？一般可以从以下几方面入手：

（1）品牌故事

在提高品牌影响力时，如果能够写一个易于流传的品牌故事，为品牌宣传造势，就可以达到事半功倍的营销效果。

比如一个品牌钢笔，据说创始人曾经做过保险员，有一次因为墨水笔漏水，弄脏了合同，结果被竞争对手抢走了这个订单。

之后，他痛定思痛，研制出了安全的墨水笔。

这个品牌故事的传播效果出人意料的好，也在某种程度上让人们对品牌产生了好感，下意识地认为这种钢笔品质优良。

但是，如果品牌没有什么历史，创始人也没有传奇故事，写什么好呢？实际上，任何品牌的诞生一定有其独特之处，只要我们沉下心来慢慢挖掘，就一定能找到切入点。

一是品牌的历史和传承。

虽然是新品牌，但卖的产品不一定是全新的，所以这个商品的品类一定有历史和传承可讲。

比如小罐茶，由8位造茶大师通过手工工艺传承制作而成，让普通人也能喝上大师茶。

我叫徐某某

我是某罐茶产品中心的

我们花了三年半的时间

走遍中国茶叶所有核心产区

找齐了8位大师

做成了某罐茶

为的就是让消费者喝到真正的好茶

这8位大师来自8款名茶的原产地

传承了正宗的制茶技艺

在黄山

我们找到了黄山毛峰的

国家非遗传承人

谢四十

我一辈子就是跟茶打交道

黄山毛峰不要讲 50 公里了

就是 10 公里都有区别

某罐茶就是用富溪生长的黄山毛峰

都是主枝的芽头

量很少

一天只能采个二三两

为了做出正宗的大红袍

我们找到了大红袍非遗传承人

王顺明老师

武夷山最有特色的茶

无非不过大红袍

做一泡好的茶

很重要的是功夫

从粗制到精致

你没有一个环节可以怠慢

最后一关焙火

就说我们某罐茶大红袍吧

我焙 12 个小时的火

12 个小时我就要翻二十四遍

这里面的工夫要花多少下去

好听吗

好听就是好茶

……

用三年半时间

我们找齐了 8 位大师

我们这些大师

有跟我们共同的理想与信念

如果能让大家喝一口

竖个大拇指

我想这所有的付出

都是值得的

8 位大师敬你一杯中国好茶

某罐茶

大师作

　　某罐茶采用了"大师作"这个概念，讲述产区原料故事、茶叶制作工艺故事。在售卖渠道方面，因为互联网门槛太低，随便哪个小品牌都可以做，很难建立信任，所以小罐茶主打线下，将专卖店开在顶级或最繁华的商圈，比如上海的恒隆广场、正大广场，北京的朝阳大悦城、金融街购物中心等。人们会想：能在这种地方开店的，应该不会轻易骗人吧。

　　需要注意的是，无论是历史还是传承，即便不是100%真实，在创作文案时也要遵循真实的原则，保证情感的真实性。

　　二是创始人的创业故事。

　　好的创业故事就像电影一样，让观众的心理跟随主人公的人生经历起起伏伏，甚至产生一种代入感，使主人公成为观众心理的自我象征。

　　在现实中，有很多创业者靠自己的创业故事赚足了眼球，在社交网络大量传播。比如某冰糖橙品牌，讲述了其创始人出狱以后二次创业的故事：

　　　　87年沉浮人生

　　　　75岁再次创业

　　　　11载耕耘

　　　　结出10000亩累累硕果

　　　　耄耋之年

东山再起成一代橙王

传承"励志"的甜

是中国人欣赏的甜

该品牌的创始人曾经名噪一时，后来却锒铛入狱，人生跌入谷底。出狱后，他与妻子在哀牢山承包荒山，75岁重新创业，历经十一载辛苦耕耘，一手打造了红遍全国的冰糖橙品牌。两位老人也由此成为人们交口称赞的励志传奇人物；匠心独运、执着初心的精神，也深受中国企业家推崇并广为传唱。

2012年，该冰糖橙品牌与本来生活网合作，在网上进行销售，在首发的5分钟内销售了800多箱，在24小时内销售了约1500箱。三天半时间，首批3000多箱售罄，不得不临时调货。2013年网销继续火爆，本来生活网在50天左右卖出了近1500吨冰糖橙。

这款冰糖橙之所以能够热销，没吃过的人认为主要是因为名声大，而吃过的人大部分认为是它真的比其他橙子好吃。有的消费者还说："我买它并不是真的想吃橙子，买的是它的创始人的信念和精神。"由此可见品牌故事对于一个品牌的影响力。

三是产地文化。

对于一些地域性品牌，写品牌故事时可以从当地的风土人情、文化特征切入，这样本地人会有强烈的认同感和共鸣，外地人则会感到好奇，觉得品牌是有文化内涵的。这样的品牌故事主要集中在食品、茶叶、瓷器，甚至饭店上。

比如哥伦比亚咖啡的营销就十分经典。哥伦比亚作为世界第三大咖啡生产和出口国，不仅咖啡产量位居世界前列，更以高质量的咖啡品质著称于世。20世纪50年代，世界咖啡产能过剩，哥伦比亚适时推出了咖啡产地营销史上的一个经典形象——胡安·瓦尔德斯和他的毛驴：胡安戴着白色草帽，身披安第斯羊毛坎肩，斜挎一个皮包，穿着舒适的帆布鞋，牵着骡子肯奇塔，一副地道的哥伦比亚咖农模样，亲切而生动。后来，人们一见到胡安这个形象，便会立刻联想到哥伦比亚咖啡。哥伦比亚咖啡还发布过一则宣传文案：

> 毫无疑问，位于哥伦比亚的世界第一长山脉——安第斯山脉是最适合种植咖啡的地方。因为安第斯山脉上有肥沃的火山灰，加之适宜的气候与恰到好处的阳光和雨水。所以，这里真的称得上是咖啡豆的完美生长地。

这篇简短的文案，给哥伦比亚咖啡打上了安第斯山脉的印记。安第斯山脉是世界上最长的山脉，拥有世界最高的死火山，以及充沛的天然资源，特别是矿产资源，还有令人惊奇的动物生态，物种丰富。当人们了解到这一点，理所当然地认为生长于此地的咖啡也与众不同，购买时自然会选择哥伦比亚咖啡。这也使得哥伦比亚咖啡在全世界供不应求，实现了销量的增长。

（2）品牌的价值观

每个品牌都会有自己的价值观。我们可以先看一下全球知名品牌的价值观是什么样的。

　　某为：以客户为中心，以奋斗者为本，长期艰苦奋斗
　　某信息技术公司：成就客户，创新为要，诚信负责
　　某亚迪：平等、务实、激情、创新

当然，作为品牌的一个核心要素，价值观不应该仅仅是一行文字，而是要成为在品牌发展的过程中，能指引品牌发展的行动准则。

比如前面提到的冰糖橙品牌，其核心价值观便是"励志"。这也是它区别于普通橙子的核心因素，它浓缩了创始人的人生经历以及从低谷崛起的不服输的精神。

在产品的包装设计上，一句句励志走心的文案，以创始人跌宕起伏的传奇人生为底色，使产品显得温情了许多：

　　人生起起落落，精神终可传承。
　　别太较真，但必须认真。
　　复杂的世界里，一个就够了。
　　谢谢你，让我站着把钱挣了。
　　虽然你很努力，但你的成功主要靠天赋。

> 人生敢于折腾，同时保持匠心。
>
> 我很好，你也保重。

这一句句轻松的话语，突出了该冰糖橙的与众不同、励志精神，使其作为"励志橙"真正地拥有了人格魅力，让收到货的消费者产生了拍照分享的欲望，发送自己关于对品牌创始人及产品的感悟，不断传播达观励志的人生态度。

（3）借助公益活动

在企业品牌的塑造过程中，还可以在文案中加入公益元素。公益活动要真心投入，但在宣传上要适可而止，有的企业做了一点小小的公益就大肆宣传，目的性太强，反而容易引起消费者的反感。所以企业要切实投入到公益事业当中，积极承担相应的责任，让消费者看到企业是实实在在地在做公益，而不是作秀，这样才能真正得到消费者的认可。

比如一场公益图书捐赠活动的主题为"翻书越岭"，文案如下：

> 捐出一本书，让大凉山的孩子们＃翻书越岭＃吧
>
> 他不应该只有沉默
> 他还可以学会《呐喊》

他不应该只和蝉鸣与野花做伴
他还可以找到《夜莺与玫瑰》

他不应该只是村里的留守儿童
他还可以是人们的《小王子》

他不应该只有一眼望尽的命运
他还可以奔赴一场未知的《远大前程》
他不应该只追赶鸡鸭牛羊
他还可以做一个《追风筝的人》

他不应该只是活着
他还可以在一个晴天《怦然心动》

他不应该只有家中那一盏灯
他还可以走向远方《到灯塔去》

他不应该只是遥远观望他人的时代
他还可以拥有自己的《黄金时代》

他不应该只囿于山野
他还可以《步履不停》

公益捐助不一定非得是物质层面的，还可以是精神层面的。一本书，可能就是一扇门、一座桥、一条路，帮助大凉山的孩子们"翻书越岭"，这样的企业自然会给人们留下正面的形象，在无形中对其产生好感。

中国银联也有过类似的公益行动——把山里孩子的诗装进POS机里，让孩子们的才华随诗歌POS机走出大山：

《河里的心事》——很多人，喜欢把心事扔进河里，就成了石头。

《种子》——人生就像种子，不小心落地的地方，就叫家乡。

《晚上》——在晚上我们都要小心，因为每一次抬头都有一颗星星，掉进我们的眼睛。

……

一首首朴实真切的小诗，以POS机这种特殊的媒介形式作为载体，既达到了公益号召以及品牌传播的双重目的，也在形式上有了很大的创新。那些寻常可见的POS机小票，冷冰冰的消费数字，变成了一首首充满童真、温暖人心的小诗，让人们第一次了解到大山里的孩子们的才华以及他们的心灵世界。

第五章　指出利益点

竞品比较，突出核心利益

消费者在购买产品时，常常喜欢货比三家，将不同的产品进行比较，从中找出最佳选择。所以我们在写文案时，就需要考虑两个问题：消费者会拿我们的产品跟哪些产品对比，主要对比哪些方面？接着从消费者的角度出发去寻找竞品，我们可以把竞品分为直接竞品、间接竞品以及未来竞品。

直接竞品是指双方提供的主要服务、市场目标、目标受众等基本相同。

间接竞品是指双方的目标受众相同，但是提供的主要服务却不一样。比如钢琴、美术、舞蹈、书法等培训机构，教授的内容不同，但目标受众都是孩子。

未来竞品是指双方的目标受众高度重合，但对方暂时不提供己方具有的主要功能和服务，但在后续发展中可能会有同样的功能和服务。比如"某子练琴"是一款线上乐器视频陪练手机应用，如果有一款产品也是做乐器陪练的，但上课方式是语音，那么它在后期可能会增加视频上课的服务。

　　在与竞品进行比较时，最好先指出竞品的缺点，再展示自家产品的优点，以提高自家产品的核心竞争力。比如一款牛肉干的广告文案：

　　　　它不像我们买的普通牛肉干

　　　　又干又硬，添加剂还多

　　　　吃完几根不仅牙硌得疼

　　　　还口渴得不行

　　　　而是有一点微湿的口感

　　　　慢慢咀嚼

　　　　牛肉的鲜香就像泉水一样涌出

　　　　唾液都被刺激出来

　　　　伴着牛肉纯粹的鲜味

　　　　根本停不下来

　　从文案中可以看出，普通牛肉干的缺点是口感不好、添加剂多；而该款牛肉干口感好、鲜香可口，显然更能打动人心。

　　在这方面，还有一个精彩的多方文案大战，值得我们参考借鉴。

2014 年，某宝旅行推出了全新产品"去啊"，在发布会现场的宣传文案上有这么一句话：

> 去哪里不重要，重要的是……去啊。

明眼人一看，都会知道是在暗指在线旅游巨头"去某儿"。"去某儿"自然不甘示弱，马上发布了一张海报，文案如下：

> 人生的行动不只是鲁莽地"去啊"，沉着冷静地选择"去某儿"，才是一种成熟态度。

"去某儿"应战后，整个旅游行业也不甘落后，纷纷加入文案大战，以突出自己。

> 某程：旅行的意义不在于"去某儿"，也不应该只是一句敷衍的"去啊"，旅行就是要与对的人，携手同行，共享一段精彩旅程。
>
> 某牛：都别闹了！什么去啊，去某儿，这程，那程，只信一句话，要旅游找途牛！
>
> 某秋航空：旅行，其实就是心灵的修行，在乎的不是去

某儿，也不是一时去啊的冲动，而是行程中你是否有收获，品质游找某秋。

　　某妈妈：从起步到成长，真正与你同行的只有妈妈。去某儿，听妈的。旅行不只低价，跟谁更重要。

　　从上述文案来看，各个旅游品牌都蹭了一波热度，增加了自身在消费者心目中的印象，而驴妈妈占了名字上的便宜，似乎成了最大的赢家，也终结了这场文案大战。

　　需要注意的是，在做竞品对比时，不能无根据、无理由地胡乱打击，否则会给消费者一种印象：没有格局，人品不好，产品自然也不会好到哪里去。我们需要拿出切实可靠的证据或者原理来说服消费者。

　　（1）描写竞品：产品有缺点，利益少

　　比如一个烤箱的文案写道："先进搪瓷技术，打造耐磨易清洁的雪花釉搪瓷内胆，守护家人健康。"消费者看了这个文案，并不会有多动心，因为他们对文案描述的"先进搪瓷技术"没有兴趣，不明白对自己有什么好处。

　　对消费者来说，购买烤箱首先考虑的是方便好用，易于清洁，而普通的烤箱缺点也是很明显的：内胆不好清洁，用久了还会发黄、生锈。在比较己方产品和竞品后，我们的文案可以这样写：

以前买的烤箱，清理内胆让人感到头疼，用久了还发黄、生锈，很不美观。而这款烤箱，采用先进雪花搪瓷内胆，耐磨耐刮，用完轻轻一擦便光洁如新，而且耐久不变色，简直太方便了！

这样一来，消费者一看就明白了，原来这个"先进搪瓷技术"有这样的好处，可以给自己省下很多工作量，确实方便易用。

（2）描述推广产品：产品优点多，利益大

比如，我们要给一种钙片写推广文案，找的竞品是普通钙片。

竞品描述：××碳酸钙 D_3 钙片以天然矿石为钙源，并采用"500mg钙：200IU 维生素 D_3"的科学配比，钙 D 同补，轻松满足每日的补钙所需。

己方产品：选择钙片，不仅要看含不含维生素 D_3，还要看含不含维生素 K_2。维生素 D_3 和维生素 K_2，两者就像是接力赛选手一样，D_3 将钙转运到血液，完成钙进入骨骼的前半部分工作，剩下的接力棒就交给 K_2，它负责捕捉血液中的钙，最后输送到骨骼。这款钙片，就是添加了维生素 K_2 的钙。市面上常见的钙都是只添加 D_3 的钙，并不能让钙真正沉积在骨骼里。而像这款钙 $+D_3+K_2$ 三效协力同补，才是最好的方式。

文案第一句给出了选择钙片的两个标准：不仅要含 D_3，还要含 K_2。这样就在没有打压任何品牌的情况下，秒杀了很多不含 K_2 的钙！接着又化身专家，解释其作用原理，让消费者明白为什么含 K_2 的钙会更好，证明文案不是乱说，而是有理有据地进行推荐。第三句指出常见的钙都只有 D_3，没有 K_2，不是最好的补钙选择。很显然，经过这样的对比后，消费者对我们的产品更有兴趣了。

性价比的吸引力

在撰写文案时，我们要把自己定位为消费者，切身体会对于某类产品的需求，找到痛点，这样写出来的文案才能让消费者产生共鸣。比如某超市曾经推出过的一篇文案，可以说直戳年轻人内心：

来××不会让你变时尚，但省下来的钱能让你把自己变时尚。

真正的美，是像我妈一样有精打细算的头脑。

大部分消费者都有"能省就省"的心理——花最少的钱，买最好的东西。同样的东西，我们会货比三家，找到其中价格最实惠的。

有的时候，消费者对产品确实心动，但是价格又让他们望而却步。他们的心里开始作斗争："没有这个东西，我的生活会受多大影响？以前没有它，也过得很好啊。要花钱的地方太多了，算了，还是忍一忍吧。"有促销活动时应该会便宜点吧？到时对比一下价格再说。"

但是，这个"再说"常常是"再也不说"。经过一段时间的冷静，消费者再也没有了购买的冲动。所以文案一定要有足够的诱惑力和煽动性，这样才能让消费者在动心之余，马上行动起来，买下产品或服务。他会想："这么一算，还是很划算的啊。""跟其他产品比起来，这个真的算便宜了。""虽然花了不少钱，但是却大大提升了生活幸福感，这钱花得值！"

广告大师大卫·奥格威便是抓住消费者想省钱但又想买一辆性能不错的汽车的心理，为某斯汀汽车撰写了一篇经典的汽车文案：

最近我们收到一位曾为外交事业建功立业的前辈的一封信：

"离开外交部不久，我买了一辆某斯汀汽车。我们家现在没有司机——我妻子承担了这个工作。每天她载我到车站，送孩子们上学，外出购物、看病，参加公园俱乐部聚会。

"我好几次听到她说：'如果还用过去那辆破车，我可对付不了。'"

"而我本人对某斯汀汽车的欣赏则更多是出于物质上的考虑。一天晚饭的时候，我发现自己正在琢磨，用驾驶某斯汀轿车省下来的钱可以送儿子到更好的学校念书了。"

文案没有正面说明某斯汀轿车"便宜、省钱"，而是通过一系列叙述，得出一个"用驾驶某斯汀轿车省下的钱可以送儿子到更好的学校念书"的结论。接着，文案通过汽车的油耗、汽车的空间、可享受的服务三个方面，详细介绍了某斯汀汽车的性能以及省钱的原因。引人注目的标题加上详细全面的叙述，直接戳中了消费者的痛点，并且告诉消费者：你担心的问题，买一辆某斯汀的车就都解决了。

有的时候，如果消费者觉得价格太贵，而产品又没有让利的空间，我们还可以利用价格锚点来引导消费者。

所谓价格锚点，是指消费者在不太确定产品价格的情况下，会遵循两个重要原则——避免极端和寻求对比，从而判断产品的价格是否合理。简单地说，就是消费者不确定产品实际值多少钱，那么，他接触到的第一个产品的价格就会成为价格锚点，当他看到类似的商品时，就会与第一个产品的价格进行对比。很显然，这种做法会对消费者的决策产生影响。

某壳虫汽车的这篇文案便利用了价格锚点：

官方的二手车指南总是充满惊喜，我来告诉你为什么，同是 1966 年生产的汽车，一辆是某壳虫汽车，另外一辆是竞争对手，新车的时候竞争对手比某壳虫贵 610 美元，但 3 年之后，某壳虫的二手价值居然比它贵 201 美元。

当你静下心来想想，或许并不惊讶，竞争对手一升汽油跑 6.3 公里，而某壳虫却能跑近 12 公里，竞争对手需要用很多油和水，而某壳虫只需用很少汽油和不需要加水，所以官方的二手车指南的结论是意料之中的。

在文案写作中，要让产品显得不那么贵，就要放上另一个更贵的产品，这样我们的产品价格就会显得便宜很多，促使消费者决定下单购买。

某著名杂志的一个订阅广告也非常经典：

电子订阅：59 元。

纸质订阅：125 元。

电子和纸质订阅：125 元。

面对这三个选项，××理工学院的 100 名学生会怎么选择呢？当三个选项都具备时，学生们选择了混合订阅；当 125 元的纸质订阅选项被取消时，学生们选择了最便宜的选项，这也说明中间选项不是无效的，它至少为学生们提供了一个价格参考。经过比较，学生们发现混合订阅更划算，从而刺激他们花更多的钱来订阅杂志。

还有的时候，价格锚点不一定是具体数字，而是一个广为人知的品牌的价格。

用分摊价格制造划算的感觉

很多时候，人们决定购买一个产品，原因不外乎是价格便宜。但是，企业为了保证利润，又不可能真的降价，所以要想办法在不降价的前提下让消费者认为产品确实便宜。这个办法就是算账，努力给消费者制造划算的感觉。

事实上，帮消费者算账这个做法，99% 的销售和文案都在用，几乎随处可见。我们可以通过算账让消费者明白，买这个产品不但省钱，而且省力省时。

比如某壳虫汽车，写了不少文案，反复强调，目的就是让消费者明白它是多少的物美价廉，小巧实用。

算账

你对买什么车还没拿定主意吗？

如果你是出于财务上的考虑，我们不妨来算一算购买一部新某壳虫的经济账。

首先，一般新车售价约为 3185 美元，而新的某壳虫只卖 1839 美元。

这就为你省下了大约 1300 美元。

其次，一般车子每跑 1 公里要花费 12 美分，而某壳虫只花 3 美分。

这又为你每年省下 1800 美元（以一年开 20000 公里计算）。

一年下来，它就能为你省下 3100 美元。

两年：4900 美元。

三年：6700 美元。

好日子又来了！

这则文案为消费者把账算得清清楚楚、明明白白，体现出某壳虫汽车的价格很便宜。值得注意的是，在为消费者计算省了多少钱时，有时需要把时间周期放大，这样计算节省出来的钱的数额才会相对较大。

除了要让消费者明白产品可以给他省钱，还要让他知道产品带来的好处，那就更有说服力了。比如一款榨汁机的文案：

现在市面上口碑不错的榨汁机，一般需要五六百块，贵的上千，但这款的价格则非常亲民，只需要 298 元。这个价钱，就是在外面喝十几杯果汁的价格（还不一定是真果汁），却可以让你一年到头，天天喝上自己鲜榨的果汁，而且口味可以随心搭配！

这样一对比，价格只要一半左右，简直太划算了；还能天天喝上自己做的果汁，比在外面买便宜多了，这样又能省下一笔买果汁的钱。

给消费者算账，还有一种方法是平摊，就是当产品很耐用但价格比较高时，可以把总价除以数量，得出一个单价，让消费者感觉划算。

比如，某读书软件会员售价168元，销售页面上写着每天只需3角；卖护肤品的也经常分摊计算，一瓶15毫升的眼霜398元，可以用3个月，分摊到每一天只需4元。经过分摊计算，平均一下价格，消费者就不会感觉那么贵了。

在给消费者算账，计算分摊价格时，需要注意以下两个方面：

（1）分摊的时间维度，可以根据产品的使用年限进行选择，看是分摊到天好，还是分摊到月好。

比如一款保险文案的结尾：

只要出生满30天至65周岁均可投保，最高可连续投保至99周岁！医疗险发生理赔后，仍然可以续保，且理赔不会导致保费上涨。

最主要的是,这款多保障的保险每月仅需要投资12.3元! 只需要一杯奶茶的钱就可以保障全家人的健康,是不是超值!

我朋友已经开始戒奶茶买保险了! 你还在等什么?

还有一款儿童保险的文案是这样写的:

每天一杯××咖啡的钱,为孩子买个守护

(2)很多生活必需品,除了让消费者知道分摊下来每天(或每月)花多少钱,还要告诉他每天(或每月)要多花多少钱。

比如鲜奶上门服务,每个月只需多花15元,分摊到每天才5角钱,就可以喝到新鲜的牛奶。

比如某款电动牙刷(内含2个刷头),零售价399元,加赠2个价值76元的刷头,一共4个刷头。每3个月更换一次刷头,4个刷头可以用一年,分摊下来就是每天1元钱。

(3)除了价格,还可以帮消费者算算省下了多少时间,省下了多少水电,让他们觉得购买我们的产品是明智的选择。

比如洗碗机,我们可以这样给消费者算一笔账:一台洗碗机正常能用5年以上,以2800元的价格计算,每天只需1.5元。按现在的行情,1.5元去哪儿能找到保洁阿姨来帮忙洗碗呢?只要 1.5 元,就能搞定洗碗这件事情,每天多出 30 分钟自由时间。

下面这则洗碗机的文案,令人吃惊之余还有些震撼,没想到洗碗消耗掉了我们那么长的生命:

> 洗碗不是一件小事
>
> 如果每天洗碗 10 件
>
> 40 年接近 146000 件
>
> 简直就是"碗"里长城
>
> 如果每天洗碗 30 分钟
>
> 40 年接近 7300 小时
>
> 人生将近两年半在做洗碗工
>
> 从此
>
> 把"碗"里长城交给 ×× 洗碗机
>
> 把时间还给美好的生活

这样看来,如果每天只花 1.5 元,就可以从油腻的厨房里解放出来,而且每天可以省出 30 分钟,一个月就是 15 个小时,一年就能省出一周的时间。如果能这样帮消费者算一算账,他能不心动吗?

所以,有的时候,产品价格虽然较高,但是一旦我们把价格进行分摊,降低消费者的感知,消费者就会更加容易接受。

将产品的弱势变成优势

一个产品不可能完美无缺，也不可能毫无优点。比如××手机，外观一般，存在卡顿、发热等问题，但是它性能配置好，售价较低，具有高性价比，所以在手机市场也赢得了一席之地。所以我们写文案时要扬长避短，给消费者一个购买的理由，将产品本身的弱势变成优势。

比如商品房的宣传文案，楼盘地段偏远，可以写"远离闹市喧嚣，尽享静谧人生"；楼盘附近有水沟，可以写"东方威尼斯，演绎浪漫风情"；楼盘间距比较小，可以写"邻里亲近，和谐温馨"。

关键在于，找到弱点的对立优势，吸引对应的客户群体，这就是文案的逆向思维。

比如下面这篇文案——《想想还是小的好》，就成功把"小"的缺点变成了独一无二的优势：

我们的小车并不标新立异。

许多从学院出来的家伙并不屑于屈身于它，

加油站的小伙子也不会问它的油箱在哪里，

没有人注意它，甚至没人看它一眼。

然而，驾驶过它的人并不这样认为。

因为它耗油低，不需防冻剂，

能够用一套轮胎跑完近 65000 公里的路。

这就是你一旦用上我们的产品就对它爱不释手的原因。

当你挤进一个狭小的停车场时，

当你更换你那笔少量的保险金时，

当你支付那一小笔修理账单时，

请想想小的好处。

20 世纪 60 年代是大型车的天下，人人都喜欢大型车，小型汽车颇受冷落。这篇文案以更少的油耗、更方便停车、更便宜的维修保养，改变了人们对小型汽车的看法。这些优点使得小型车盛行一时，引领了新的时尚和潮流。

由此可见，只要抓住消费者的心理诉求，让他们明白产品可以带来的实际价值，便可以成功将产品推销出去。

与新车相比，二手车在性能、外观等方面都有折旧，劣势显而易见，但是某子二手车却成功赢得了消费者的信赖。这是因为，二手车虽然旧一些，但是有一个巨大的优势，就是价格便宜。某子二手车将"二手"的弱势转化成"价格"的优势，打出了"没有中间商赚差价，车主多卖钱，买家少花钱"的宣传口号。没有中间商，意味着车主和买家可以直接交易，双方都能利益最大化，所以某子二手车就成了人们买卖二手车的首选。

当然，相比赤裸裸地呐喊低价，即使是二手产品交易，也可以写出故事感和温度。在这方面，二手闲置交易平台"某鱼"的营销做得很成功，其文案《我在某鱼的第一桶金》写道：

酸、甜、苦、辣都被生活喂过了，
有时候，也会想尝尝富有的滋味。

浪费在热爱上的闲暇时间，
好像比其他的时间，都更像时间。

"闲"是生活的标点，
负责把冗长的日子，切割成诗。

小时候总幻想着，
掌握一种能把东西变成钱的魔法。

忙着忙着忙丢了自己，
闲着闲着闲出了价值。

是金子总会发光，
靠才华赚的金子永远花不光。

用淘金者的眼睛看人生，
连犄角旮旯都是宝藏。

"没别的，我就盼着你能好好长大！"
我对着我的钱包说。

这里没有买家和卖家，
能遇到的都是朋友。

　　文案以略带调侃的语气，写出了当下年轻人的愿望——挣钱，同时告诉我们，除了闲置物品，我们还可以把目光放在更多的"闲"上面，比如手工品、收藏品、技能变现等，这些也是可以在某鱼上交易的，让"闲"体现出其价值。如此一来，以前不知道的一些"闲置变现"被更多的人看到了，有效地挖掘了潜在的交易群体，扩大了交易范围。

贩卖未来的利益

一般来说，能够给人带来即时的、直接的生理享受的消费品，主要诉求是愉悦、快乐，比如饮料、零食等。而不能带来即时利益，需要一段时间才能见效，或是需要消费者付出时间、精力成本的产品，则主要贩卖希望。比如美妆护肤品、减肥用品、健身用品、学习类产品，这些产品可以让人变得更美、更瘦、更强壮、更聪明、更有文化、更有魅力……这些对于消费者来说，都属于未来的利益。

广告大师约翰·卡普尔斯曾经为某音乐学院音乐函授课程撰写了一则广告：

> 当我坐到钢琴前面时，他们哄堂大笑，当我的琴声响起，他们……

这篇文案只有短短 21 个字，通过对弹奏钢琴前后人们态度的对比变化来制造悬念，迎合了人们内心的"逆袭情节"，非常有代入感，所以成功掀起了学习音乐的热潮。在这段文字中，人们一开始看到的是消极的场景，但随后看到的却是积极的事情，由此引起了人们的共鸣和兴趣。

约翰·卡普尔斯后来用同样的句式在一个月之内，为另一家函授课程也写了这样一个广告：

> 当侍者们用法语跟我交谈时，他们以为我不懂，便窃窃地笑了，但当我回答时，他们的笑声顷刻间变为满脸的惊奇。

这个广告同样取得了非常好的效果。

对于有的产品，只描述眼前利益可能打动不了目标受众，这时就需要讲出未来的利益。比如卖房子的文案，位置虽然有些偏僻，但可以说明医院、学校、公园等公共设施，5 年后都会配置齐全。

比如下面两篇文案《拥有它的乐趣之一，就是可以日后卖掉》《当初售价最低的车，三年后却售价最高》，不仅讲眼前的利益，也讲未来的利益，令人拍案叫绝。我们来看看它们是怎么写的：

拥有它的乐趣之一,就是可以日后卖掉

从你开始使用那刻起,某壳虫新款汽车的价值就不会轻易改变。

如此说来,老车反倒更值得拥有。

五年后,某壳虫车甚至会比当年同期推出的其他品牌新车价格高出两倍多。

某壳虫旧车售价高,因为很多人想买它。

原因之一:只有资深车迷,才能辨别出干净的某壳虫旧车和新车之间的区别!

原因之二:某壳虫经久耐用。

每辆某壳虫汽车各部分均衔接紧密,几乎密闭不透风。

(为了能轻松地关闭车门,你要先开一点车窗。即使老款车也是如此。)

某壳虫汽车,不论新旧,皆为你省去大笔汽油、轮胎、保险及维修等一系列额外花销。

省了就是赚了,这就叫性价比高。

(不然,要是汽车常莫名出现各类问题,你会恨不得马上把它处理掉。)

这就是人们对某壳虫汽车趋之若鹜的经济学原理。

当初售价最低的车，三年后却售价最高

正式出版的旧车指南里面有很多让人惊讶的地方。

为了证实这个说法不假，我们把 1966 年的某壳虫和 7 款流行的车子做了比较。

当它们全新出售时，这 7 款车的售价平均比某壳虫高610 美元。

如果你知道三年后它们糟糕的境况，你一定会吃惊的。

同样是那几部车，现在的售价平均比某壳虫低了 201美元。

当然，只要你仔细想想，这其实没什么奇怪的。

看起来用了三年的旧车吸引力如何？那跟一辆看起来永远不过时的车子比呢？

1 升汽油大约能跑 6 公里，很不错是吗？跟一辆每 1 升汽油跑近 11 公里的车子相比呢？

车子耗机油、用水，不是很正常吗？但跟一部既省机油又不用水的车子相比呢？

正式出版的旧车指南里面有很多不言自明的地方。

众所周知，汽车是个贬值商品，当我们手捧鲜花满心欢喜地接过销售递过来的钥匙，转身之后，我们的车已经贬值了 20%。但文案却告诉我们，该汽车不仅不贬值，还可能增值。这难道不

是一个巨大的优点吗?

某书店为旧书拍卖会发布的文案《过期的旧书,不过期的求知欲》,也是采用了对比的手法。

过期的菠萝罐头,不过期的食欲

过期的底片,不过期的创作欲

过期的旧书,不过期的求知欲

全面 5~7 折拍卖活动

货品多,价格低,供应快

知识无保存期限

欢迎用知识武装头脑的你前来大量搜购旧书

一辈子受用无穷

电影《重庆森林》里有一句台词:"不知道从什么时候开始,在每一个东西上面都有个日子,秋刀鱼会过期,肉酱也会过期,连保鲜纸都会过期。我开始怀疑,在这个世界上,还有什么东西是不会过期的?"是的,很多东西都会过期,甚至书也会变旧,但是知识永远都不会过期。这家书店卖的不仅是书籍,更是一种生活态度。

第六章 激发购买欲

走心是最好的说服力

人是感性动物，很容易为情绪服务买单。在如今的信息时代，物质上的更新换代越来越快，而精神的更迭却放缓了，我们常常用美好的回忆去凭吊那些消逝的事物，诺基亚倒闭了，"板砖"成了一种情怀；柯达倒闭了，胶片质感反而更流行……情怀是对消逝的事物的感叹，也是我们调动消费者情感共鸣的一个营销手段。

比如××黑芝麻糊的文案：

"黑芝麻糊哎——"

小时候，一听见芝麻糊的叫卖声，我就再也坐不住了。

那亲切而悠长的吆喝，那夕阳下摇曳的芝麻糊担子。

忘不掉，那一股幽幽的芝麻糊香！

抹不去，那一缕温暖的儿时回忆！

即使是宣传新品，××黑芝麻糊仍然坚持保留"黑芝麻糊哎——"和"小时候，一听见芝麻糊的叫卖声，我就再也坐不住了"等经典广告语，目的就是塑造温馨怀旧的氛围。片尾沿用"一股浓香，一缕温暖"的广告语，成功勾起了很多人的儿时记忆。

这对品牌来说是利用情怀做销售，而对消费者来说，品牌是提供了情绪服务的服务者。

所以深入了解消费者的需求，永远是写文案的第一步。一定要记住，文案的主角不是产品，而是产品背后活生生的"人"，也就是产品的使用者。这些人，无论贫富贵贱，都离不开衣食住行，自然也会有快乐、孤独、落寞、振奋、满足等情感。文案想要体现"人性"，就必须深入到这些人的生活之中，并在生活的细节之处发现人性的光辉。

这是一则以"花点时间陪伴老人"为核心的公益广告：

我父母在一起的时候，我几乎听不到他们争执。

每个月底，父亲都把薪水放在有塑料贴画的餐桌上。

父亲拿走一点零用钱后，母亲一言不发就把钱放在活动茶几里。

我父亲爱我母亲，但这些都是默默的，从来说不出口。

母亲会默默地把父亲最喜欢的茶和饼干放在他面前。

要是有一颗衬衣纽扣坏了，母亲会一声不响地给换上。

父亲不用说话，母亲就知道在他的大浅盘里加上一份米饭。

饭后，父亲坐在他最喜欢的扶手椅上，开始看报纸。

我们小孩子没有一个敢打破这种安静。

结婚四十二年后，突然有一天，母亲去世了。

父亲在七十二岁的时候学着泡了第一杯茶。

他的视力也越来越差，只能看看标题了。

但变化最大的是，父亲开始让屋里充满声音。

电视唱，广播响。

父亲喜欢的安静已经成为过去。

一个寒冬的深夜，父亲告诉我原因。

"要是没有人陪，安静真让人受不了。"他说。

花一点时间陪老人。

这篇文案通过生动细腻的描述，使一对老夫妻的形象跃然纸上。当消费者被文案的情节感动时，很容易将自己的父母代入到文案中，从而引发情感上的共鸣。

同样从情感角度切入，引发目标受众共鸣的，还有某品牌汽车推出的父亲节文案，将汽车和父亲节结合，用朴实的文字写道：

> 如果你问我，这世界上最重要的一部车是什么？那绝不是你在路上能看到的。
>
> 30年前，我5岁，那一夜，我发高烧，村里没有医院。爸爸背着我，越过山，蹚过河，从村里到医院。爸爸的汗水，湿遍了整个肩膀。我觉得，这世界上最重要的一部车是——爸爸坚实的肩膀。
>
> 今天，我买了一部车，我第一个想说的是："阿爸，我载你去走走，好吗？"
>
> ××汽车，永远向爸爸的肩膀看齐。

比起华而不实的文案内容，简单朴实的文字传达的信息更为准确，也更容易让人动心。这篇文案将自己和父亲的故事娓娓道来，以日常生活中的小事去引发目标受众的情感共鸣，通过对父爱的细节描写，让人们产生一种"父亲为我付出太多了"的感觉，然后在结尾把销售产品的目的抛出来。人们的情感产生了共鸣以后，回忆起小时候那些充满父爱的小事，已经忍不住泪眼朦胧，于是很容易得出这样的结论：我的父亲不也是这样吗，他同样值得这样的礼物！

地产公司某科一组《让建筑赞美生命》的文案，用了涂鸦、成长痕迹这些人们在生活中留下的细节来切入主题。

生命给了建筑表情。一块砖承载着逝去的时光，一张邮票怎样记载一段斑驳的爱情，一次涂鸦又印着什么样的童年，甚至爬山虎的新叶，甚至手指滑过墙面的游戏，都是建筑最生动的表情。某科相信，扎根生活的记忆，建筑将无处不充溢着生命。

建筑是生命的成长史。生活着，就有生活着的痕迹。那枚挂过书包的铁钉子，门框上随身体一起长高的刻度，还有被时间打磨得锃亮的把手——所有关于生活的印记和思考，总在不经意间铭刻在空间的各个角落，由岁月成篇，堆积出记忆的厚度。某科相信，唯有尊重生命历史的建筑，才能承载未来可持续的生活。

正是那些生活的痕迹，让建筑也有了生命。这是一个非常优秀的洞察。

我们常说"创意人要足够敏感"，这个敏感，是指能够看到生活中的一些微小点滴，洞察人们的心理，深入看到人性中的欲望、喜好、留恋与纠结，然后用文字或者影像表达出来。比如某品牌窗帘的一组文案：

那么就再见了。对我来说，你可不只是两片普通的聚酯纤维。你挡住的噪音和亮光，划出独处的空间，为我补齐了青春期损失过的所有睡眠，还给了我一种"圈地为女王"的幸福感。兢兢业业保护我小床的你，辛苦了。明天开始，纯棉、真丝、绒面、亚麻随你选，我卧室的落地窗今后也请多多关照。

文案通过回顾大学宿舍的一些细枝末节，表现了同学们对于大学生活的留恋，尤其是对窗帘保护她们的隐私，给予了她们独处的空间，充满了无限的眷念之情。

所以在写文案时，从细节切入是一种最易做到，也更能打动消费者的一种方式，因为它距离生活更近，也更加符合普通人的认知。当然，我们必须以"人"为核心，把消费者当作一个个的"具体"去沟通，深入他们的生活，去发现可以引发共鸣的细节。

比如某网上送餐平台的文案《成长新地址，总有好故事》，从地址变化这一角度切入，以小见大，让人们感同身受。

突然发现

成长就是不断给生活增加新的收货地址

最初的地址你曾以为永远不会离开

可转眼间，新的地址已经印在了车票上

这里有一些朋友

你们创造新的回忆

那些无法复制的

那些此生无二的

接着，离开

你又要去往下一个新的地址

这次，你有点害怕

你害怕吗？

你期待吗？

期待这里有新的故事

哪怕要先经历新的事故

不断崩溃、不断寻找、不断怀疑

然后，某个时刻

你发现只剩自己了

地址越来越多

人越来越少

可你知道

摔过跤的自己应和昨日不同

旧的伤疤不妨就带着

新的地址也许还会有新的故事

但只要向前走

就能把它变成好故事

向前走吧

添加你的新地址

完成你的好故事

成长新地址

总有好故事

××外卖，随时随地30分钟送货到家

从用户的角度来说，每一个新增的收货地址，都代表了人生的一个阶段，组成了自己走过的路以及经历过的酸甜苦辣，都有一段独一无二的回忆。通过收货地址，该网上送餐平台深化了自己一路伴随人们成长，"随时随地 30 分钟万物到家"的理念，传递了品牌的温度，也表达了对所有勇敢拼搏的年轻人的鼓励和祝福。

营造画面感

对人们来说，视觉是最直观的感受，毕竟眼见为实，所以文案一定要营造画面感。所谓画面感，总的来说是一种感受，一种内心的体会。唐代诗人王维的诗被誉为"诗中有画，画中有诗"，他一句"大漠孤烟直，长河落日圆"，便让人感受到了边塞地区一望无际的孤寂和荒凉。这就是文字所营造出来的画面感。

文案的画面感，一是用眼睛看得见，确切地说是"想象"，也就是通过文字能激发人们的想象力，使人们的思维不只是停留在抽象的文字层面，还可以发散到具体的景、物、人等具象的画面；二是用心感受得到，这是升华到了情感层面，或者说"触景生情"，这也是文案所要达到的目的。

比如某地图软件为了鼓励更多的人出去旅行，而不是宅在家里，在国庆黄金周前夕发布了一则文案《十一行诗》，其中一首写道：

> 北欧的极光璀璨
>
> 尼亚加拉瀑布的雄伟壮观
>
> 驻足诗情画意的塞纳河畔
>
> 最自由的阿姆斯特丹
>
> 壮丽雄伟的喜马拉雅山
>
> 阳光灿烂的夏威夷海滩
>
> 辽阔的塞伦盖蒂草原
>
> 但
>
> 关掉电脑
>
> 这些地方
>
> 我都没去过

　　读完上面的文字，我们仿佛看到了大千世界的美景，更产生了亲自去看一看的欲望。很多人看了文案后，表示已经等不及了，想来一场说走就走的旅行。为什么会有这种感受呢？因为他们从文案中看到了外面的世界是那么大、那么美，必须亲自去看看，宅在家里只会错失人间美好。

　　既然文案的画面感如此重要，那么怎样才能写出有画面感的文案呢？除了方法技巧之外，还需要培养自己的思维。

（1）描述场景

场景是指在特定的时间、空间内，发生的一系列具体鲜活的画面或情绪。对于文案来说，场景感有助于表现文字的感染力。通过某一场景，人们可以回忆起自己曾经说过的某句话，或实现对整个故事理解的衔接。

那些印象深刻的"情景记忆"，往往都和一个具体的场景相关，比如吃妈妈做的饭、不经意间看到父亲老去的背影、大学毕业时的一场聚会、在大城市深夜想家时的暗自神伤、某次尴尬的经历，抑或是一次伤感的离别……

场景化的文案，是为了给消费者制造一个场景联想，使过去的画面出现在脑海里，从而触景生情，关联到品牌或产品。

比如某护肤品牌和心理健康服务机构在"世界精神卫生日"发布的公益广告《回声》：

这是你本月连续加班的第三周，深夜两点的办公室里，又只剩下你一个人。你当然知道，成年人的世界里没有容易二字，但情绪的奔涌不受控制，你哭了。

这是你失恋的第三十天，毫无预兆的崩溃，随时随地的眼泪，失恋似乎撬开了一口情绪的井，掉进井底的是你，爬不起来的也只有你。真的好讨厌这个又狼狈又无能的自己。

　　这是你成长中的十六岁，你每天在习题本上写下很多"解"，却解不开心中那个忧郁的小问题。……没有一种情绪是不正当的，没有一种痛苦应该被轻视，如果你正在经历心理健康问题，不要把哭声调成静音，要寻求专业的心理学支持。

　　加班、失恋、青春期焦虑，通过描写这些熟悉的场景，该护肤品牌告诉人们，你的心声我听到，你的情绪我心疼，凸显了品牌的责任感，也增强了人们对品牌的好感。这样看来，与其说"回声"一词是互动的"回应"，不如说它是"希望每一种情绪都能得到回应"的情感诉求。

　　还有某家具制造商为一款咖啡杯所写的文案：

　　放牧的日子，是×××最忙碌的时刻，也是最闲暇的时刻。

　　只要天气不糟糕，就可以在一群静静牧养的驯鹿旁，三两人围坐在一起，烧一壶热咖啡，聊几句山水长短。

　　别人眼中的居无定所时光，在他们眼中，却像是醇厚的咖啡香悠扬在辽阔的土地上，何处无家。

　　几行悠扬散漫的文字，淋漓尽致地表达了该品牌的人文关怀，从使用场景的想象带入到使用物品的真实体验，表现出了人们对家的依恋。

某外卖平台，根据日常生活中的吃饭场景，曾发布过一个简短的文案：

饿了别叫妈，叫饿了么

试想一下，当我们在家饿了的时候，是不是总会下意识对妈妈喊道："妈，我饿了，快点做饭吧。"然后，妈妈就像变魔术似的，把早饭、午饭、晚饭送到我们面前。然而，当我们外出闯荡，为理想而努力奋斗的时候，这一切就难以实现了。因为妈妈不在身边，陪伴我们的只有吃不完的泡面、零食和孤独的寂寞感，所以当看到这则文案，我们对"饿了么"会有一种亲切感，在我们眼里它不再只是一个普通的外卖平台，而是一个能够及时给予我们支持的温暖港湾。

这个一语双关的文案，让很多人记住了"饿了么"，其品牌理念和服务功能也因此快速地传播开来。

（2）多用比喻

在文案中多举例，多用比喻，可以让我们对消费者说的话更自然、更有趣。好的比喻往往是大多数人意识不到的，但是又符合现实和逻辑。比如"月亮升起来了，好像一个大玉盘"，这是一个很恰当的比喻，却不是一个好的比喻，因为太寻常了，很多人都会如此联想。

好的比喻，需要脑洞大开。比如某品牌液晶电视的文案，将"长大"比喻成"怪物"，因为世界上有一种专门拆散亲子关系的怪物，叫做"长大"。这个想法一般人想不到，但是完全符合逻辑。

为了呼吁大家花点时间陪伴老人，文案《有时，孤独跟关节炎一样痛》是这样写的：

> 孤独跟关节炎一样痛：露出笑脸会花费些什么？你的半个小时。三块自家做的蛋糕。自家采摘的花朵。你男朋友的一张照片。一个长途电话。问一些问题。读一篇小说。听一个故事。星期天早上出其不意的拜访。遛狗。换一个灯泡。讲一个笑话。征求一下他的建议。给他一些建议。闲聊、笑、聆听。你只要花一点儿时间陪陪老人就够了。

将孤独比喻为关节炎，不是简单的修辞手法，而是经过深刻的洞察才做出的比喻。对老年人来说，关节炎这种慢性病并不致命，但是会带来长期的折磨，其实孤独也是一样的。这就是精彩的比喻。

如果想象力实在不够怎么办呢？有一种实用的"水平思考法"：在一个透明的小球里装上14000个写着词语的塑料卡片，摇动这个小球，然后写下你最先看到的3个词语。再将这3个词语，选择一个或几个最为合适的，跟营销问题联系起来。没有灵感的时候，不妨一试！

（3）描述细节

人们记住具体事物的能力，通常远超记住抽象事物的能力。要想让消费者理解并记住文案的内容，我们需要把内容具体化。具体的表达，可以赋予文案更好的传播能力和转换能力。

具体的方法：描述细节、打造场景、营造氛围等，能够加深消费者对文案的理解和记忆。

妈妈在包饺子。

妈妈在厨房里包饺子。

妈妈与哥哥姐姐一起在厨房里包饺子。

妈妈与哥哥姐姐一起在厨房里包牛肉大葱馅的饺子。

通过对细节的深入描述，画面感也会跟着不断增强。

细节丰富的描述，能够帮助消费者将内容具象化，产生画面感，更容易产生兴趣，被打动被卷入。

如果一个旅游文案，喜欢用"乐享生活，畅意人生""秀丽河山，畅享其中""世界之大，畅游一番"之类对仗工整、押韵的词组，你看了会有什么感觉？有没有想去旅游的冲动？事实上，对这种"假大空"的文案，大部分人都会弃之不看。

但是，如果换一个角度，站在消费者的角度来考虑，就会有令人耳目一新的描述方式。比如：

> 你写文件时，阿拉斯加的鳕鱼正跃出水面……
>
> 你看报表时，梅里雪山的金丝猴刚好爬上树尖……
>
> 你挤进地铁时，西藏的山鹰正在盘旋云端……
>
> 你在会议中争论时，尼泊尔的背包客正端起酒杯围坐在火堆旁……
>
> 总有一些穿高跟鞋走不到的路，
>
> 总有一些喷着香水闻不到的空气，
>
> 总有一些在写字楼里永远遇不见的人。

优秀的文案常常能给人一种可憧憬的广阔空间，一种立即行动的驱动力。看了上面的文字，你是不是也产生了一种"世界那么大，我想去看看"的冲动？

在这方面，《舌尖上的中国》的文案堪称经典，我们随意感受一段便可知道：

　　交通不便的年代，人们远行时，会携带能长期保存的食物，它们被统称为路菜。路菜不只用来果腹，更是主人习惯的家乡味道。看似寂寞的路途，因为四川女人的存在，而变得生趣盎然。妻子甚至会用简单的工作，制作出豆腐，这是川渝一带最简单最开胃的美食。通过加热，卤水使蛋白质分子连接成网状结构，豆腐实际上就是大豆蛋白质重新组合的凝胶，挤出水分，力度的变化决定豆腐的口感，简陋的帐篷里，一幕奇观开始呈现。现在是佐料时间，提神的香菜，清凉的薄荷，酥脆的油炸花生，还有酸辣清冽的泡菜，所有的一切，足以令人忘记远行的疲惫。

　　文案中没有笼统地说好吃、美味，而是把自己代入做菜或者品菜的人，将食材和环境完美融合，将眼睛、舌尖、耳朵、鼻子感受到的细节放大，调动消费者的味蕾，使人脑子里都是美食的画面。

　　（4）用好参照物

　　一个好的参照物，能让人快速了解事物、产品的主要特征，评估其价值。文案也是一样的道理，需要用好参照物。

　　一家科技公司推出了一款号称是世界上最薄的笔记本电脑，那到底有多薄呢？在产品发布会上，主持人直接从信封里拿出了笔记本电脑，可谓一切尽在不言中。用信封来做参照物，成功突出了笔记本电脑薄的特性，把想要表达的信息一下子抛进消费者的大脑，然后得出结论：确实好薄。

又如，有一本书籍的推销文案是这样写的：

> 50 元买不到一副眼镜
>
> 却可以买到成功人士的经验
>
> 50 元在餐厅吃不到一个"大菜"
>
> 却可以买到一辈子受用的智慧
>
> 50 元上不了一节培训课
>
> 却可以买到未来商机

文案巧妙地把产品的精神利益变成参照物，最大程度地体现出这本书的价值。

还有一个培训机构，广告词很朴实、简单：

> 1 块钱听 8 次课

这个价格已经相当便宜了，但为了更加突出价格的优惠，海报上又找了一些参照物，比如玉米、包子、大蒜、打火机、棒棒糖等，使得"1 元钱"这个低价更为具体、更有吸引力。

（5）多用动词和具体名词

动词是最容易让人的脑海里出现画面的，它可以让我们的文案动起来，让文字变成一张动图。而名词是指现实生活中肉眼可见的具体事物，如墙、小孩、水、头发等。抽象名词，顾名思义，就是抽象的事物，如梦想、希望、信念等。

比如某运动品牌的一个广告文案，是这样写的：

他不必在打破 30000 条纪录后还拼上一切

他不必连续 9 场比赛独揽 40 多分

他不必连全明星赛总得分也独占鳌头

也不必为了一场胜利独砍 81 分

他不必一次又一次地刷新"最年轻的"纪录

他不必肩负观众的期望以至于跟腱不堪重负倒地的那一刻，

他不必站起

他不必站上罚球线投进那一球

也不必投进第二球力挽狂澜

他甚至不必重回赛场

即使他已不必再向世人证明什么

他也必定重返赛场

文案中使用了大量的具体名词和动词来描述科比，使得赛场的一个个画面仿佛就在人们眼前，凸显出品牌的拼搏精神，从而打动消费者。

比如某护肤品牌的广告词：

弹弹弹，弹走鱼尾纹

在此之前，很多护肤品牌针对鱼尾纹，一般会使用"抚平""磨平"等动词，这个带有一点魔性的动词"弹"，让消费者不自由主地想到有弹性的"胶原蛋白"，从而产生"这个产品去除皱纹效果应该不错"的感觉。

调动消费者的感官

人类对于外界的直观体验和感受，通常是由眼、耳、鼻、舌、身等身体器官来感知的。大脑是一切感官的中枢，眼睛有视觉，耳朵有听觉，鼻子有嗅觉，舌头有味觉，身体的各个部位则有触觉。

当消费者面对一件产品时，会用眼睛去看，用耳朵去听，用鼻子去闻，用嘴巴去尝，用身体去触碰，从而对产品做出自己的判断。所以，当我们要通过文案去激发消费者的购买欲望时，首先要做的就是用文字去调动他们的感官。

比如，《舌尖上的中国》的一个文案：

稻花鱼去内脏，

在灶上摆放整齐，

用微弱的炭火熏烤一夜，

现在需要借助空气和风的力量，风干与发酵，

将共同制造出特殊的风味，糯米布满菌丝，

霉菌产生的各种酶，

使淀粉水解成糖，最终得到爽口的酸甜。

甜米混合盐和辣椒，一同塞进鱼腹中，

稻花鱼可以直接吃，也适合蒸或油炸，

不管用哪种做法，

都盖不住腌鱼和糯米造就的迷人酸甜。

一道寻常的稻花鱼，却被描述得令人垂涎欲滴，每一个细节都在挑动人们的味蕾。这就是所谓的"镜头感"，不是笼统地说好吃，而是把自己当作做菜或者品菜的人，将眼睛、舌头、耳朵、鼻子感受到的细节放大，调动消费者的感官。

在调动消费者的感官时，最直接的方法就是明确、具体地告诉他们，使用文案推荐的产品时他们的感官会有什么体验。

×××辞职后进军餐饮业，主打菜品是一款蒸鸡，在团购平台上线后，月销售量一下子飙升到12000只。平台上的推荐文案是这样写的：

滋补蒸鸡，选用生态活鸡，奉献出最纯正、最鲜嫩的鸡肉，呈现出食材的健康、新鲜与品质。以原味干蒸的方式加入滋

补药膳烹制，肉嫩汁肥、甘美醇厚，口感溜滑，具有温中益气、补精填髓的功效，为滋补养生、提气醒神的佳品。

在尝了朋友的蒸鸡后，×××发现这是自己吃过的最美味的食物之一，于是他将自己的真实体验也写成了文案：

整个蒸鸡有一个小西瓜那么大，用精致光亮的锡纸包裹着。打开锡纸，一只完整的金灿灿的蒸鸡映入眼帘，一股烟向上飘起，你会闻到热鸡肉鲜香的味道，没有防备，你的口水已经悄悄流下。

你戴上两只手套掰下鸡腿，刚出炉的鸡腿有点烫手，你下意识地对它吹了口气。鸡皮渗着汁水晶莹发亮，咬了一口，鲜嫩的鸡肉终于进入你的口腔，你尝到鸡肉和盐混合的鲜美，还尝到枸杞的酸甜和一点当归的药香味。你以前可能吃过干涩难嚼的鸡肉，这次不同，你发现这整只鸡都充满了汁水，每一口都滑溜顺口，毫无阻力，大口咀嚼的时候，耳朵里好像能听到鸡汁四射的声音。

随鸡附赠了一包辣椒面——那是绝对的人间美味！倒在小碟里，变成一座红色碎末小山丘，拿一块鸡肉蘸一下，再放进你的嘴里，那一秒，咸辣味、茴香味、孜然味和鸡肉味在口腔里一齐"炸开"，惊艳到你身体为之一颤，你发现自己莫名其妙地嘴角上扬，忍不住微笑起来！

不到 15 分钟，整只鸡已经被你消灭干净，你会感觉有点撑，却意犹未尽。

看到锡纸上残留着鸡汤汁，你毫不犹豫地往嘴里倒，温热的汤汁从喉咙流到胃里，全身一阵暖。

看完这两篇文案，你觉得哪一篇更能激发人们购买蒸鸡的欲望呢？显然是第二篇，它从视觉到味觉，再到听觉、触觉，生动形象地描写了蒸鸡色香味俱全的模样和味道，令人看了忍不住口舌生津，垂涎欲滴。

像"美味可口""嫩滑爽口"这样的形容词，人们已经见惯不怪了，即使看了也无法代入其中，去体会产品的美妙之处。所以，我们不妨假设消费者正在使用我们的产品，描述他的眼睛、鼻子、耳朵、舌头、身体和心理的直接感受，就像把对方带到了现场，亲自体验产品一样，这样可以把产品信息充分传达给消费者，激发其下单的欲望。

比如写眼睛看到的：

满满的糖流心，果肉晶莹剔透，弹得好似果冻，一切开，蛋黄般的冰糖流心像蜂蜜一样缓缓流出。

小心翼翼地揭开黄到发红的耀眼的橘子皮，触目是饱满晶莹的果肉。

果汁顺着刀子流了出来，晶莹发亮，透亮的果肉和绵密的芝麻粒交织着……

烧卖里碧绿的颜色，透出蒸熟后薄如纸的面皮，犹如翡翠一般。

鼻子闻到的：

（香水）打开轻轻一喷，冰凉的清透感瞬间落在灼热的皮肤上，混合着乡间刚割下的青草香与清晨清新的空气味道。

像一位温和的白衬衫少年与你擦肩而过，迎面而来的是清甜的橘子带着微酸，不一会儿，只剩下极淡的纸墨与干草的味道。

初闻是桃子混合淡玫瑰香，仿佛跳跃进了云间的白桃乐园，浓郁的热带浆果味混合着香甜蜂蜜味，像是一个不食人间烟火的少女提着果篮漫步在田野间。

舌头尝到的：

一口咬下，就像新鲜荔枝在口中化开。

鲜活的果汁，带着类似轻快的柠檬酸一样，酸酸甜甜的，混着绵密的芝麻粒在口腔中跳跃。

　　轻轻地咬上一口烧卖，皮一点便破，吃到里面由虾仁、韭菜和鸡蛋制成菜茸，爽口清润。吃下去后嘴里还充满虾仁的香味，真可谓齿颊留香。

　　轻嚼化汁，还带有一丝丝奶香，像是在吃冰淇淋。果肉如翡翠般晶莹剔透，用勺子挖着吃，饱满汁水瞬间溢出，顺着喉咙往下咽，越吃越清甜，越吃越满足。

耳朵听到的：

　　每一口都滑溜顺口，毫无阻力，大口咀嚼的时候，耳朵能听到果肉中的芝麻粒吱吱的声音。

身体感受到的：

　　这件羊毛衫不仅摸起来软糯，穿在身上还有种与阳光相拥的温柔感，让你一整天都有一股暖暖的感觉。

　　酸甜的味道从口腔穿梭到胃里，瞬间上头，冰清凉爽。

心里想到的：

　　用这样的米饭，伴着喜欢的菜品，诸如青椒回锅肉和瘦肉蘑菇汤，一定是人间最简单却最不平凡的至味了。

你发现自己莫名其妙地开心，忍不住微笑起来！不到两分钟，一杯果汁已经被你喝完，你却意犹未尽。

要写出这样的文案其实也不难，只要我们把自己当成一个普通的消费者、产品的试用者，认真地观察产品，然后去体验它，再把自己看到、听到、闻到、尝到、触碰到、内心感受到的，都用文字记录下来就可以了。

比如服装，可以是衣服面料、材质、印花，从触感、视觉效果来写：

冰丝面料长裙，轻触带你入夏。

蚕丝醋酸面料，高级质感，肌肤知道。

夏天的印记，躲在花间里，也藏在裙摆上。

摸着它，轻轻地划过指尖，像微风，丝丝滑滑。

高支面料触感柔软，丝绸般顺滑。

比如化妆品，可以是粉饼、粉扑、化妆刷、海绵蛋，从质感来写：

独有的蚕丝粉扑，触感轻盈，妆感通透。

灵感源自高级天鹅绒面料，为你的双唇披上高级丝绒华服。

含 3% 薄荷精华，皮肤洁净清爽。

软软绵绵，就像刚摘下的一朵云。

滋润无瑕，如呼吸一般的感觉。

比如零食类，可以是饼干、面包、饮料，把嗅觉、味觉写出来：

酥软鲜花饼，从舌尖带给你刚出炉的新鲜。

茶香四溢，氤氲在鼻腔里久久不散。

十分松软，感觉整个人像要陷进去！

无需咀嚼，入口瞬间溶化。

善用补偿心理

在心理学中，补偿心理是指人们因为主观或客观原因引起不安而失去心理平衡时，通过各种途径来表现和发展自己，借以减轻或抵消不安，从而达到心理平衡的一种心理倾向。

我们写文案时，可以适当利用"补偿心理"来消除人们的心理阻碍，激发其购买欲望。

比如，消费者对于自己喜欢的产品，可能会产生一种消费的"负罪感"，尤其是当价格超出预算时，会觉得这个产品不是必需品，完全可以不花这笔钱。这时就要设法打消消费者因为购物而产生的"负罪感"，帮助人们建立信心。

消费者可能也会给自己找理由，比如，虽然自己已经有很多羽绒服，但是款式过时了；扫地机器人确实有些贵，但是用它可以节省打扫的时间，可以去干点更有意义的事情……这时就要为消费者提供合理的购买理由，以此减少其心理阻碍。

举个例子，一辈子节俭的老人，怎么让他改变习惯，去买一款更贵的电动车？——接送孩子上学，不再怕迟到！

怎么说服上班族改坐专车？——如果每天总拼命，至少车上静一静。

精打细算的家庭主妇，如何让她接受"购买几千元的净水器不是浪费"的观念？——一家人吃得再好，喝得不好有什么用？

时尚女性怎样才能没有负罪感地买买买？——去年的新衣服，配不上今年的自己。

在利用补偿心理激发消费者的购买欲望时，可以从两方面入手：

（1）补偿自己

> 如果每天总拼命，至少车上静一静。
> 全力以赴的你，今天坐好一点。

这是某网约车平台的海报广告文案。为了让一部分人选择坐专车，该平台对用户群做了深刻的洞察，呼吁那些不断为生活、命运、未来奔跑的"赶跑族"，能够适当放缓脚步，学会关爱自己。同时也想借此呼吁更多的人关注"赶跑族"的生活状态，在关爱自己的同时也关爱家人，关爱他人，至少在这个寒冷的冬季，在出行方面都可以"今天坐好一点"。

也许你正在为项目赶工，半夜才能离开公司，看到这段文字，不由得心头一热，马上打开小程序，叫了辆专车，为的就是补偿一下自己，补全心理的空缺感。毕竟生活本来就很不容易了，没必要太亏待自己。

> 你可以住得更好一点。——某如
>
> 吃点好的，很有必要。——某全水饺
>
> 生活需要打扫，心情也得收拾一下。——某斯扫地机器人

生活就是如此，当外部境遇不佳的时候，当我们觉得自己为别人、为长期目标付出太多的时候，我们就想要买点好东西，犒劳一下自己的身体感官，以补偿自己。巧妙地利用补偿心理，提出诱人的方案，诱导人们进行情绪化购物或花钱提高自己的生活品质。

有一家体检中心推出了多款体检套餐，价位从 300 元到 500 元不等，其中有一款 798 元、体检项目更为全面的套餐，销售情况一直不是很好。为了让更多的消费者选择 798 元套餐，体检中心写了这样一个宣传文案：

　　现在开车，每年洗车、补漆、保养，随便都要花 2000 元以上。

　　咱每年花 2000 元保养汽车，为什么不花 798 元保养自己呢？

　　结果，这两行文字成功戳中了消费者的心，难道自己的生命还比不上汽车吗？为什么对自己的身体这么吝啬呢？这篇文案为体检中心额外创造了每个月数十万元的营业额。这也是抓住了人们的自我补偿心理。

　　当然，这种补偿也可以是精神上的关怀和慰藉。比如某互联网理财平台的视频广告《你不必成功》：

　　你不必把这杯白酒干了，喝到胃穿孔，也不会获得帮助，不会获得尊重。

　　你不必放弃玩音乐，不必出专辑，也不必放弃工作，不必介意成为一个带着奶瓶的朋克。

　　你不必总是笑，不必每一条消息都回复，不必处处点赞。

　　你不必去大城市，也不必逃离北上广。

　　不必用别人一篇点赞十万加的文章来否定自己的创作能力。

　　不必每次旅游都要带礼物，不必一次不落的随份子，不必在饭桌上辛苦地计算座次。

你不必在过年的时候衣锦还乡，不必发那么大的红包，不必开车送每一个人回家。

你不必承担所有责任。

你不必背负那么多，你不必成功。

这篇文案瞄准年轻人的心理痛点，利用共情心理来打动消费者。里面的每一个场景，都能引起年轻人的共鸣。从小到大，身边的人总是不停地将那些所谓的成功强加给我们，让我们感到不堪重负，而这个广告却告诉我们，成功不容他人定义，我们不需要遵循别人的足迹，去追求别人眼中的成功。人要活出自己的精彩，主动构建自己未来生活的模样。

（2）补偿他人

在经济学里有个有趣的效应，人们在买东西的时候，总给自己找借口说这个是为家人付费，然后就会更容易完成购买，这正是"补偿心理"及"心理账户"在起作用。

而照顾和保护自己所爱的人，特别是照顾父母、保护孩子、关心恋人，这是所有人的天性，也是很多广告的出发点。

比如某网约车平台的一篇文案，从细微的日常生活出发，通过描述他人为自己的付出，激发消费者的补偿心理。

你知道她一直想去草原
但你不知道
有你的地方她都想去

你知道他老了
但你不知道
他一年会去几次医院

你知道她善解人意
但你不知道
她有时也故作坚强

你知道今天老同学聚会他们会玩得很开心
但你不知道
没有你这个聚会并不完整

你知道她做菜很香
但你不知道
最便宜的超市距你家有九站地

你知道他在公司奖金拿得最多

但你不知道

他一个月会跑烂三双皮鞋

你知道她们依然年轻

但你不知道

她们终将跟不上时代

你知道他

但你不知道他

就像你知道某滴无处不在

但你不知道某滴车票

　　文案用"你知道……但你不知道……"的排比句，讲述了情侣之间、夫妻之间、同窗之间，以及父母与子女之间的小故事，将身边人的坚强、无奈与辛酸呈现在我们眼前，触动我们的内心，让我们有种忍不住想要为身边的人做点什么的冲动。文案也适时在最后点明主旨，提醒我们可以送上一张某滴车票。

　　还有父亲节、母亲节的很多文案，通常都会以激发消费者的愧疚感，让他们觉得亏欠了父母，从而产生用购物补偿父母养育之恩的冲动。而且，购物的理由很充足：我是为了父母而花钱，我花钱是为了感恩，这钱花得值！这种补偿心理也成就了很多经

典的广告文案:

送我离开时,他手上的行李箱,

似乎一年比一年重了。

离别时知道他会驻足很久,

但我从来不敢回头。

即使回家的路再黑,

有他我都不怕。

——某为

我们的一句随口说说,就是父母的大动干戈。

——某品会年货节

她总是想把好的留给我,

这次,我想给她点好的。

——某易严选

我们的童年

都有一个最伟大的背影

罩着我们

——某某可乐

　　世上最贵的房子

　　是那个再也回不去的怀抱

　　——某臣一品

　　这样的文案让消费者觉得家人为自己付出了太多，必须给予回馈。他们买这个产品并不是在浪费钱，而是一种正当消费，合情合理。

　　父母对待孩子也经常会出现补偿心理。比如有的人因为小时候生活贫困，于是不顾自己的客观条件，给孩子提供优越的物质生活条件；有的人因为从小没有受到很好的教育，为了确保孩子健康成长、有个美好前途，不惜花高额费用送孩子上各种兴趣班，报考某所学校或获得某个学位，等等。

　　某地一个楼盘正是利用了家长们的这种心理，逆市而上，实现了销量的增长。这个楼盘由于地理位置偏僻，升值潜力小，并不是一个值得投资的地方。这个时候，开发商采取逆向思维，出奇制胜，在广告文案中写道：

　　　　就在这几年，只是这几年，

　　　　多谢你，令我改变，

　　　　突然之间，我觉得自己好重要，

　　　　不知什么时候开始，我变得很中意笑，

有时好傻地想，真是不想你大得那么快，

不知道将来会怎样，

只知道今天，我要给你一个最好的童年，

××湾，海澄湖畔一段。

对于年轻父母来说，孩子的童年是他们非常在意的，因为童年只有短短几年，过得怎么样，对孩子的一生会产生很大影响。这篇文案不像一般的房地产广告，强调房子的价格、地理位置、交通等，而是从父母最重视的孩子的角度入手，侧重于叙述父母眼中孩子的成长过程，强调给孩子一个良好的童年环境。言下之意是，你可以等待更合适的时机再买房，但孩子的成长不会等待。难道你希望以后再后悔吗？一般来说，父母与孩子最亲密的时间是在孩子的童年时期，孩子一旦升入中学，进入青春叛逆期，就会慢慢疏远父母。该楼盘的目标客户主要是受过良好教育的家庭，这些人对此都有切身体会，所以更加重视孩子的生活环境。

在投放了第一波广告后，该楼盘不到一个月的时间就售罄。

唤醒消费者的痛苦

写文案要学会唤醒消费者的痛苦，只有让消费者感到痛苦真实的存在，他们才会愿意为产品买单。

某易有道词典深知这一点，并且把这一点运用到了极致，它曾发布了一组"家长辅导病"海报，集高血压、肩周炎、心脏病、秃顶等辅导症状于其中，使每一组文案，都完美再现了家长们辅导孩子学习时的心酸和无奈。

家长辅导病之偏头痛：

辅导作业

就和偏头痛一个道理

频发，且痛

但你拿它没辙

家长辅导病之高血压：

但求孩子英语成绩

也能像我的血压一样

节节攀升

家长辅导病之心脏病：

你永远不知道下一个惊吓

是绩效考核

还是期末排名

家长辅导病之肩周炎：

左肩扛家庭

右肩扛事业

偶尔还会被班主任

请去喝口茶

家长辅导病之腰椎间盘突出：

孩子成绩不突出

但我的腰椎间盘

倒是挺突出的

家长辅导病之颈椎病：

让人抬不起头的

除了生活重担

还有小孩的成绩

文案主题十分明确，言语简单却句句扎心，让家长们看后能够产生情绪上的共鸣，自觉对号入座，"病情"严重者，或许正需要一台某道词典笔来抢救！

无独有偶，一家专为失恋人士服务的"分手花店"，在5月20日这个情人们互相告白的美好日子，打出了一则"扎心"的促销文案：

生活不只眼前的苟且，还有前任发来的请帖。

我看过最虐心的言情小说，是我和你的聊天记录。

收到前任发来的请帖，心里不痛快那是肯定的，又不是圣人，谁能做到真正的豁达？看到与前任的聊天记录，昔日甜蜜、痛苦的瞬间在脑海中一一闪过，心里难免五味杂陈。为了抚平内心的伤痕，在5月20日这一天，买上一束花纪念曾经拥有过的爱情，或许能够减缓内心的悲伤，给自己的心灵一种安慰。花可以象征"活着"的爱情，也可以用来祭奠"死去"的爱情。因为这篇文案，

"分手花店"在 520 这天销量大增。

对于消费者的痛苦，有时不妨采用幽默搞怪的方式，使消费者乐于阅读，进而取悦消费者乃至吸引购买。

比如某乳酸菌的文案，通过花粉过敏、宠物过敏、尘螨过敏三个小场景，以轻松幽默的方式，演绎了过敏人群生活中可能会发生的尴尬事件，引发了人们的强烈共鸣。

> 别让过敏伤害你
>
> 人生最大的痛苦莫过于
> 总在激情上演前
> 因瘙痒而止步
>
> 想到了不俗的表白
> 想不到喷嚏
> 成了开场白
>
> 再精心的安排
> 也抵不过
> 瘙痒变骚扰的意外

××乳酸菌

提升免疫力

调理过敏体质

有效应付

花粉、尘螨、宠物

换季等多种过敏

过敏这种事，人们常常容易好了伤疤忘了疼，对过敏缺少长期管理的理念。没有发生过敏反应时，大部分患者不会有什么不适，故而忽略了治疗和防范。当痛苦被遗忘，显性需求就会隐藏起来，变成了隐性需求。所以只有不断唤醒这些痛苦，让客户重新感受到痛苦的存在，才能再次确认需求。而购买××乳酸菌提升免疫力，无疑是解决痛苦最好的方案之一。

上述文案被制作成精良的海报，凭借拟人风格、高级配色、一语双关，短短几天就红遍网络。通过海报，人们了解到了××乳酸菌的功能和作用，从而有效避免不必要的困扰和尴尬。这也是唤醒消费者需求的一个有效方式。

让人产生危机感

营销专家尤金·舒瓦兹在《创新广告》中说："文案无法创造购买商品的欲望，只能唤起原本就存在于人心中的希望、梦想、恐惧或者渴望，然后将这些'原本就存在的渴望'导向特定商品。"也就是说，文案虽然不能创造购买欲，但是能够激发购买欲。

消费者看完文案，之所以产生"迫不及待"要下单的感觉，往往不是被文案中描述的产品功能和优势所打动，而是因为文案激发了他们的某种情绪，这些情绪五花八门，其中最能调动消费欲望的就是危机感，也就是"恐惧感"。

因为害怕生病，所以人们会购买大量保健产品；因为害怕衰老，所以女人们会买一些延缓衰老的护肤产品；因为害怕患上重病，所以人们会购买重疾保险；因为害怕未来没有保障，所以人们会购买养老保险……

某互联网理财平台联合 16 家基金公司，推出过一则理财文案《年纪越大，越没有人会原谅你的穷》，内容如下：

每天都在用六位数的密码，保护着两位数的存款。

——某家基金

小时候总骗爸妈自己没钱了，现在总骗爸妈："没事，我还有钱。"

——某信基金

世界那么大，你真的能随便去看看吗？

——某商基金

对所有大牌下的每个系列化妆品都如数家珍，但你绝不会透露自己用的只是赠品小样。

——某夏基金

总能半夜狠心删空购物车，你知道这种"理性"一文不值。

——某实基金

忘了毕业多少年，每逢同学会，你都只能搭同学的顺风车。

——某某加银基金

文案中描述的场景，很容易让人联想到自己年龄渐长，会不会也像海报中所说的那样，于是下意识地想要寻找解决方案，这个时候，蚂蚁财富号的理财产品顺理成章地走入人们的视线。

《经济学人》通过一则广告，幽默地讽刺了那些已到不惑之年，不看《经济学人》并且仍在考管理研修生的学者：

> 我从不看《经济学人》。
> ——42 岁管理培训生

这个广告一出，很多人为了避免遭受他人笑话，纷纷购买《经济学人》。

由此可见，对于某些事物或特殊情境的畏惧情绪，会促使人们去做或者不做某些事情，以对抗、减轻甚至消除这种心理状态。需要注意的是，用来"恐吓"消费者的，必须是他们极其在意的东西。一方面，只有当他们感到可能失去自己非常在意的东西时，才会有动力去做某些事；另一方面，也只有他们非常在意的东西，才能触动他们的内心。

比如某地区一家钢琴培训机构发布过一则广告，文案只有一句话："学钢琴的孩子很优雅。"如此简单平常的一句话，却在该地掀起了一股给孩子报名学钢琴的热潮。这是因为，学习钢琴不一定有什么好处，但是父母绝对不想让孩子变坏。

在公益性广告中，为了唤起人们的危机意识和紧张心理，从而改变其态度或行为，使用恐惧诉求尤其有效。比如一则禁烟广告："你吸烟不要紧，但别拉着家人陪葬。"然后配上写实的图片，直接把死亡的恐惧摆在人们面前。让家人远离二手烟。

一般来说，在进行恐惧营销时，一方面可以让消费者意识到自己所处的糟糕状态，并认识到严重性，从而激活其恐惧感，并让文案推荐的产品成为解决问题的最佳方案。

不知何时开始，我害怕阅读的人。就像我们不知道冬天从哪天开始，只会感觉夜的黑越来越漫长。

……

我害怕阅读的人。一跟他们谈话，我就像一个透明的人，苍白的脑袋无法隐藏……

我害怕阅读的人。当他们阅读时，脸就藏匿在书后面。书一放下，就以贵族王者的形象在我面前闪耀，举手投足都是自在风采。让我明了，阅读不只是知识，更是魔力……

我害怕阅读的人。因为他们很幸运；当众人拥抱孤独，或被寂寞拥抱时，他们的生命却毫不封闭，不缺乏朋友的忠实，不缺少安慰者的温柔，甚至连互相较劲的对手，都不致匮乏……

我害怕阅读的人。我祈祷他们永远不知道我的不安，免得他们会更轻易击垮我，甚至连打败我的意愿都没有。我如此害怕阅读的人，因为他们的榜样是伟人，就算做不到，退一步也还是一个，我远不及的成功者。我害怕阅读的人，他们知道"无知"在小孩身上才可爱，而我已经是一个成年的人。我害怕阅读的人，因为大家都喜欢有智慧的人。我害怕阅读的人，他们能避免我要经历的失败。我害怕阅读的人，他们懂得生命太短，人总是聪明得太迟。我害怕阅读的人，他们的一小时，就是我的一生。

我害怕阅读的人，尤其是，还在阅读的人。

以上文字节选自《我害怕阅读的人》，是某出版公司25周年庆活动的宣传文案，目的是推动更多的人读书，促进图书销售。

从中我们可以看出，文案没有强调阅读的价值，而是在"兜售"没有阅读的恐惧，这也恰恰击中了当今大多数人的心理——不爱看书，并且为此找种种理由和借口，同时也不愿看到别人爱看书，因为别人睿智博学、事业突飞猛进，而自己脑袋空空、原地踏步的滋味并不好受。所以人们恐惧的不是那些在阅读的人，也不是阅读本身，而是恐惧没有坚持的决心以及失落的自我。

所以文案表面上谈"害怕"，实际上是想要让人们产生危机意识，并且意识到，要想避免失败，应该尝试开始阅读。而阅读必然离不开书籍，某出版公司则是书籍的提供者，品牌影响力无形中得到了提升。

另一方面，我们可以拉长时间轴，强调未来风险的可能性。也就是让消费者觉得当未来发生糟糕的事情时，他们自己很难应对，而文案中的产品可以帮助他们事先规避风险。

比如，一款健身手机应用发布的广告片《怕就对了》，将镜头放在5个人身上，包括瑜伽胖仙女、视障跑者、自行车冠军骑手、健身狂人、跳水女孩。

有那么一群人
他们把害怕的阻力变成了动力
还站出来和所有人说
怕就对了

我怕总被别人盯着看
但我更怕永远做个小透明
——瑜伽胖仙女

我怕丢掉安全感
但我更怕再也跑不出安全区
——视障跑者

我怕速度太快

但我更怕被人甩在身后

——自行车冠军骑手

我怕做没把握的事

但我更怕，这就到头了

——健身狂人

我怕站得太高

但我更怕再也上不去

——跳水女孩

从文案中可以看出，所有的"我怕"都抵不过一句"但我更怕"。他们害怕被别人盯着看、害怕丢掉安全感、害怕速度太快、害怕做没把握的事情、害怕站得太高（痛苦的场景）；但所有人都更害怕成为一个碌碌无为的"最差的自己"（严重后果）。所以，用这款健身手机应用变成更好的自己吧，没什么好怕的（解决方案）。

我们再来看一款除螨产品的文案：

你以为每天洗脸就能让你的皮肤变干净吗？

你以为每个星期更换被套就能让你的被子变干净吗？

实话告诉你，你的皮肤与你的被子都不干净。

因为，那上面潜伏着成千上万的螨虫。

它们在你的皮肤、你的被子上不断繁殖，不断死去。

假如，你不幸没有选择我们的产品，

那你的皮肤，你的被子，甚至连带着你周围的事物，都将成为螨虫的乐园。

恐惧营销里的典型套路是给出令人恐惧的场景及严重后果，然后给出解决方案——购买产品。

健身手机应用用恐惧营销提醒人们，最后说：用我吧，用了你就不怕了。这个让人恐惧的不是简单的生存安全需求，而是"自我认同"。

除螨产品用恐惧营销告诉人们不购买该产品的弊端，用充满画面感的描述让人们害怕，最后告诉人们：用我们的产品吧，用了就没有螨虫了。因为害怕螨虫的存在，人们会产生强烈的购买该产品的欲望。

在使用恐惧诉求激发人们的购买欲望时，对于场景的描述要具体，以引起人们对于同类场景的想象，进而激发其恐惧心理，并且还要突出事情的严重后果。如果文案单单描述让人害怕的场景，有些人可能过去了就好了，所以必须"趁热打铁"，让他们觉得不尽快解决这个问题，将会引发严重后果。比如不用健身产品，后果就是在不久的将来成为"最差的自己"；不用除螨产品，就会与螨共舞。

在调动人们的"恐惧心理"时，有时还可以正话反说，效果也很好。因为正说多是老生常谈、千篇一律，什么"阅读能增长知识""弹钢琴能陶冶情操"，人们对这种类似的话早已有了免疫力，听了恐怕也不会产生什么反应，而反说则可以快速吸引人们的注意力。

制造稀缺感

当我们把一个机会摆在消费者面前，告诉他们这个机会永远为他们准备，他们会珍惜吗？当然不会，反正机会永远存在。所以，要制造稀缺性和紧迫感，最简单的方法就是限制文案中提供的机会，无论是时间限制、价格限制还是人群限制，让消费者觉得这个机会稍纵即逝，他们才会尽快采取行动。

"只有江南才能品尝到的这般清爽无二的蟹粉馄饨"，北方的食客看到这句话，一定会伸长脖子去看邻桌碗里的蟹粉馄饨。某贝的香椿油泼面，"一年只卖60天，错过又要等一年"，让消费者没有犹豫的时间，仿佛不吃上一碗就是一年里最大的损失。某奴的笨菠菜，"一年仅一次冬季尝鲜""限季上新"，看到这样的字眼，你难道不想把这样的菠菜扔到火锅里，大快朵颐吗？这些方法虽然俗套，但效果却立竿见影。

打火机行业的一个著名品牌在2018年春季发布了一则文案："古银机械齿轮，全球限量发行1000只。"而且每个打火机上面都有特定的数字标识，以确保其独一无二。

产品越稀缺，消费者想要拥有它的想法就会越迫切。一般来说，"稀缺"有两种不同的含义：一种是"物以稀为贵"，产品因为稀少，所以显得珍贵；另一种是人为制造的稀缺，有意提高某个产品的知名度，并因此引发抢购，这就是我们常说的"饥饿营销"。所以我们经常会看到某些现象，买新车要先交定金排队，买房子要先登记交诚意金，买新手机要排队等候，而且还常常买不到。

在手机营销领域，各大手机厂商就经常采取"饥饿营销"，以"此次发布5万部新品""限量出售10万部"等内容，引起人们的抢购。这一招，某品牌手机运用得炉火纯青。很多购买过该品牌手机的人，为了抢到手机，经常会拉同学、同事、朋友来帮忙，但常常是失望而归。短短几秒的时间，官网发布的手机便销售一空，只能等待下一轮的抢购。

那么，怎样撰写"稀缺文案"呢？

一是限量，宣称产品数量有限或者制造名额稀缺性。比如：

> 100盒特价产品，售完即止。
>
> 前10名优惠100元，10名以后恢复原价！

前 5 名购买的顾客，额外赠送 99 元超值赠品！

为确保教学质量，本次培训限额 50 人，目前仅剩 13 个席位，请及时抢订。

前 30 名预订的顾客，送额外礼品 1 份。

二是限时，即在时间上制造紧迫感，制造产品稀缺氛围，使消费者因担心价格上涨而做出购买决定。比如：

离打折期限还剩 1 时 32 分 41 秒！

销售日期截至 3 月 12 日，12 日过后永远错过这次机会！今天购买，额外赠送 68 元超值赠品！

今天购买可享受 199 元超低价，明日恢复原价 299 元！

还有最后 3 分钟，没有买到的朋友赶紧下单，赶紧下单，还有最后 3 分钟！

最后 1 分钟秒杀！

三是限量＋限时，也就是将稀缺性和紧迫感组合在一起，这样饥饿营销的威力会更加明显。比如：

每天前 3 名购买，可享受 299 元超低价，并获得价值 99 元福袋一个！时间截至 6 月 18 日。

　　超值福袋只有 20 份，送完即止！仅限 6 月 15 日前购买的用户拥有。

　　四是限制身份。比如：

　　本优惠仅限在读大学生 / 本小区居民 /65 岁以上老人享受。

　　助听器每副补贴 80 元，仅限 60 周岁以上市民享受，凭身份证领取。

　　看到这些限时限量的字眼，消费者自然会产生一种紧迫感，生怕享受不到优惠，以后再买价格会变贵或者买不到，从而尽快做出决策。

附录　文案创作的基本素养

☑　搭建自己的创意宝库

☑　文案创作要懂得规避风险

搭建自己的创意宝库

创作文案需要灵感，但灵感常常转瞬而逝，不容易抓住，也很不稳定，有时跟我们的状态和心情有关。所以单纯靠灵感来写作肯定是不行的。一个好的文案创作者，必须要有一个属于自己的素材库。因为写作这个行为本身就是在输出，如果我们不断地输出，但却不学习、不积累、不训练，那么很快就会有被掏空的感觉。

这个素材库的内容来源于日常生活，好的故事、句子、想法以及灵感，随手记下，日积月累，最后就成为了一个强大的素材库，为我们提供源源不断的灵感。

（1）收集素材

素材可以来自于行业动态，我们可以在问答平台搜寻相关的问题，了解同行在关心什么，并将比较常见的问题记录下来。

素材可以来自于社会热点。比如，"现在的你敢失业吗""北京环球影城威震天摔倒""北京发放 7000 万品质生活消费券"等内容，能瞬间引爆流量、获得关注。

素材可以来自于经典案例。"熟读唐诗三百首，不会作诗也会吟"，当我们大量阅读经典案例，认真分析文案高手的创意特点、行文结构等要素，就会从中得到启发，找到更好的创作思路。比如一个知名公众号的运营者，会将找到的素材进行归类，如图片库、好句子库、版式库等，需要时再用关键词找出来，方便快捷。为了写好标题，她还搜集了上千个好标题，分析其规律，总结出了标题的 37 种取法。为了让剧本更搞笑，她看了国内外的大量喜剧，一边观看一边归纳、梳理，发现了 52 个笑点设计模式……

素材可以来自于平时读书时的些许感悟，书中触动我们的句子或者段落，职场工作笔记，走在路上突然闪现的灵感，和朋友聊天时无意中提及的话题，观看电影后的感受，走过路过的风景，甚至生活中一切与我们相关的事物，总之，一句话，凡是能够吸引我们、触动我们、引发我们思考的东西，都可以成为我们的素材。

（2）使用素材

有了素材库，还要能用起来，否则有个宝库放在那里，如果不会用，那也是白搭。

在整理素材时，我们可能会产生很多好的想法，及时记录下来。

定时复习笔记，不同的时间看会有不同的感悟，通过复习，结合不同的素材，举一反三，就容易得出新的或者更深刻的观点。比如分析"拖延症"的原因，引出了"舒适区"，然后分析人们为什么会有这种心理，寻找解决问题的方法。还可以联系学校、职场等，写出联系生活实际的文章。

在准备写某一个选题时，我们还可以参考以前收集的标题。比如想写情感类的，可能我们收集的标题有《为什么通过相亲来谈婚论嫁的人越来越多》《婚姻最大的悲剧，就是人到中年发现自己离不起婚》《喜欢你的人，突然不再联系你了，真相只有一个》等。或者想写励志类的，我们收集的标题有《32岁宝妈成功换工作，能力比年龄更重要》《三年后的你是贫穷还是富贵，取决于你现在的选择》《谁都靠不住，除非你有用》《一个人熬过了所有的苦，就懂了》《如果最后是你，晚一点真的没关系》等。在每一个话题下面，整理好相应类别的标题，就可以随时翻阅，寻找灵感。

（3）刻意训练

一个没有太强写作天赋的人，如何练出好文笔呢？其实，写文案这件事，和很多事情一样，离不开"熟能生巧"这四个字。

当我们有耐心、有毅力把一件小事重复几年或几万遍的时候，"化学反应"就发生了。

当然，如果只是简单地、无差别地重复一件事，并不会使我们成为文案高手。有的人每天只是写一些日常琐事，记一些流水账，这样即使坚持了几年、几十年，也只能说写得比较熟练，但对于提高写作水平还远远不够。想要提高写作水平，一定要进行刻意的练习。那些真正的顶尖文案创作者，其实背后都是天天在刻意练习。每写一篇文案，他们都会认真去思考标题如何拟定会更好，文案如何写能更加精彩。

所以，文案创作者必须离开自己的舒适区，牺牲短期利益，按照一些方法进行大量、重复性的训练，从而提高自己。再简单的技巧，你不会用也是复杂的。再复杂的创意，你多练习几次也会变得简单。某作家每天清晨起床，用五六个小时去写作，一定要写满准备的 10 页纸，每页 400 字。不管状态好坏，都必须写满 10 页。

我们可以利用业余时间，随时随地写几句话、几段话，做一些写作片段练习，或者围绕某个主题列出写作提纲，这些看似随意的写作行为，往往能起到以小见大、由局部见整体的作用，并且能达到好的练习效果。看到一本书，我们可以静下心来想一想，如果自己来写的话，会怎么写，会选择什么主题，从哪些方面展开去写。

在写作过程中，我们还可以尝试小说、散文、诗歌、说明文、议论文、公文等不同文体的写作，综合运用记叙、议论、描写、说明、抒情等多种手法，使自己熟练掌握各种写作技能，摸清写作规律，提升写作能力，进而提振写作信心。

文案创作要懂得规避风险

创作文案，首先要合规合法，尽可能地考虑文案可能造成的影响，提前做好风险防范。所以每一个文案创作者，都有必要好好学习研究《广告法》，深入了解其精神，以免引来不必要的麻烦。

（1）规避敏感且容易引发争议的话题

在品牌文案创作中，政治、种族、宗教、性别等敏感且易引发争议的话题，都是要尽量避免的"雷区"。

2023年3月8日早上8点半，某知名螺蛳粉品牌在其官方微信公众号发了一篇名为《女性，是什么味道？》的推文，引发了众多网友的热议。大部分人认为："这文案水平太低了。""标题不适在于它本身是食品业，'味道'一词直接就被联想到品尝的含义，非常冒犯。" 对于引发的争议，该品牌螺蛳粉不得不向公众致歉，并在 3 月 8 日下午重新发布了"勇敢女性 拒绝被定义"的新内容：

> 勇敢女性，拒绝被定义。
> 活出自己的百味人生，
> 妇女节快乐！

某迪二手车曾经投放过一则广告：在一个结婚典礼现场，婆婆跳出来按下了暂停键，冲上台去强行检查儿媳妇的鼻子、耳朵、牙口，最后，她放心了——鼻子、耳朵和下巴都是"原装的"，并满意地做出手势。这时某迪二手车打出了自己的广告语："重要决定必须谨慎""某迪二手车线下体验店，官方认证才放心"。人们认为，这是把新娘子当道具，这很明显是性别歧视，不尊重女性的表现。此外，这种将女性比喻为车辆一类交通工具的手段，本质上是对女性的物化。某迪官方微博因此遭到了网友的围攻。

还有某家具制造商的电视广告中，曾经出现"再不带男朋友回来就别叫我妈"的台词，很多人认为广告所呈现的并不是"轻松庆祝每一天"，而且传递了不恰当的人生价值观。

（2）规避涉嫌欺诈的营销活动

很多商场在营销活动中会设置奖品，比如下单后可以参加抽奖。但是，如果活动主办方谎称有奖，其实早已内定了工作人员，或者将次品作为奖品发给抽奖用户，将被视为违规行为。

比如某渔具有限公司，在其经营的网店举办有奖销售活动，规定在当天0点下单并完成付款的前30名消费者，将以退运费的方式给予免单。结果，工作人员在整理、公示活动中奖名单时，通过编造虚假中奖者订单信息，内定了中奖名额，并把中奖产品赠送给熟人。这就涉嫌了欺诈。

（3）说明附带赠送奖品的信息

在营销活动文案中，如果有附带赠送的奖品或服务，应该标明赠送的商品品牌、规格、数量、期限以及方式等。比如买空调送加湿器，应该说明加湿器的品牌、型号、数量等信息。

（4）规避极限词语

根据新《广告法》的规定，极限词不得用于商品描述，包括但不限于商品列表页、商品标题、副标题、产品图片、产品包装等内容。以下是一些常见的极限词：

以"最"为开头：最佳、最高、最好、最低、最受欢迎、最舒适……

有顺序含义：第一、全网第一、唯一、No.1、TOP 1、独一无二、最后一次、首个、首席、首屈一指……

有关"级别"：国家级、世界级、百万级、5A、甲级、世界领先、遥遥领先、领导者、领袖、引领、领航……

有"极限"含义：顶级、极致、完美、至尊、至臻、空前、无双、顶级、不可再生、翘楚之作、淋漓尽致、无与伦比、唯一、卓越……

有"稀缺"含义：绝版、珍稀、千金难求、屈指可数……

有关"品牌"：大牌、金牌、王牌、明牌、冠军、王……

涉及虚假夸大：史无前例、前无古人、永久、万能、百分百……

涉及"权威"：特供、专供、专家推荐、××领导人推荐……

涉及专属活动或词语：冬奥会、奥林匹克运动会、国旗、国徽、国歌……

比如某二手车曾在其官方网站、官方微博、手机应用、海报、视频等各种广告中使用"创办1年成交量遥遥领先""中国最大的二手车直卖平台"等广告宣传语，因缺乏事实依据，与实际情况不符而被开出巨额罚单。实际上，有时不使用违禁词，反而能达到比使用违禁词更好的效果。就像劳斯莱斯的经典文案："这辆新型劳斯莱斯在时速100公里时，最大噪声是来自电钟。"文案没有使用"最低噪声"之类的极限词语，但却很好地说明了车的噪声处理技术。

（5）引用的数据资料要准确

文案中使用的数据、统计资料、调查结果、文摘等，要有足够权威的证明和出处，比如数据引用来自国家某机构或者第三方数据调查等。同时还要注意这些数据是否可以引用，有的数据如果未得到授权，不能直接使用。

比如某地商品房在广告中宣称"99.29%森林覆盖率""6000万人次 / 年旅游客量"；某生发液经销商在网页中宣称"过万实例验证、97%用户 4 个月发量增长 ≥ 30%"；某乳酸菌饮品宣称"100 毫升的小小一瓶足足含有 100 亿个以上的干酪乳杆菌代田株，每天一瓶可满足成年人一天所需的益生菌"；某家具制造商因使用限定试验条件下的检测数据，宣传窗帘具有"净化功能"；某零售商超宣称五常大米"富含蛋白质"；等等。它们都属于虚假宣传，是不正当的竞争。

所以，如果对科普知识与广告宣传的结合尺度不能准确把握时，应当在产品宣传页面或广告宣传中注明以提示消费者，比如采用"引证数据内容为营养科普知识，仅供参考""相关内容不代表产品功效，请理性消费"等表述予以说明，以防引起误解。

（6）不得传播虚假信息或者引人误会的信息

比如采用博眼球的标题："通知：本市居民凭有效证件领今年第一批减免，取消户籍限制！""市民凭有效证件领取秋季第一轮补贴，取消地域、年龄限制！"

　　标题中醒目的"通知"二字，加上"取消××限制"等字眼，易使人产生错误联想，误认为是政府部门发布的某项刚刚放开地域、年龄、户籍限制，只能分批享受的惠民政策。这样做明显是为了提升广告主的交易机会，本质上也是一种不正当竞争行为；而"取消××限制"等描述，还会使人误以为所谓"补贴"的申请门槛已经降低，本质上讲是一种欺诈行为。

　　这种弄虚作假或者传递容易令人误解的信息，将会被处以广告费用的3倍以上、5倍以下罚款。若广告费无法计算，则会被处以20万元以上、100万元以下的罚款。